U1014637

优质乳

产销信息评价与技术研究

杨祯妮 徐伟平 王昕 张帅 著

中国出版集团有限公司
研究出版社

图书在版编目 (CIP) 数据

优质乳：产销信息评价与技术研究 / 杨祯妮, 徐伟平, 王昕著. — 北京：研究出版社，2022.11

（农业农村产业振兴发展研究）

ISBN 978-7-5199-1359-5

Ⅰ. ①优… Ⅱ. ①杨… ②徐… ③王… Ⅲ. ①乳制品－消费－研究－中国②乳制品－食品加工－研究－中国 Ⅳ. ①F724.782②TS252.42

中国版本图书馆CIP数据核字(2022)第190636号

出 品 人：赵卜慧
出版统筹：丁 波
责任编辑：寇颖丹
助理编辑：何雨格

优质乳

YOUZHIRU

产销信息评价与技术研究

杨祯妮 徐伟平 王 昕 著

研究出版社 出版发行

（100006 北京市东城区灯市口大街100号华腾商务楼）

北京云浩印刷有限责任公司印刷 新华书店经销

2022年11月第1版 2022年11月第1次印刷

开本：710毫米×1000毫米 1/16 印张：12.5

字数：105千字

ISBN 978-7-5199-1359-5 定价：49.00元

电话（010）64217619 64217652（发行部）

前言

健康是人民对美好生活的向往，乳业是人民全面健康的支撑和保障，是健康中国、强壮民族不可或缺的重要产业，乳业发展与健康中国战略高度融合，相辅相成。提供优质乳品是实施健康中国战略的重要举措之一。2013年，中国农业科学院专家向国家建议实施“国家优质乳工程”，致力于用科学、客观的标准评价出消费者身边的优质乳，其核心理念是为消费者提供真正健康安全、低碳绿色、营养鲜活的奶产品。为推动乳业优质化发展，2016年，农业部成立国家奶业科技创新联盟，大力实施优质乳工程，引领推动行业高质量发展。

我国乳业具有产业链条长、市场容量大、社会影响广等特点，随着居民收入水平提高、人口结构变化、饮食结构改善、城镇化发展、消费结构不断升级，我国乳业正迎来巨大发展空间，同时也面临诸多产业发展的问题，如产销信息底数不清、监测不及时、发布不规范，信息散落在产业链各个环节没有汇集，政府部门和各大乳企的数据存放在自己的数据库里，无法实现数据共享，影响科学分析研判。因此，非常有必要依托大数据等现代科学技术开展产销信息采集、整理、分析、利用，实现全产业链监测预警，通过对产业发展提前预判、规避风险，保障市场平稳运行，促进乳业长期均衡发展。

课题组以优质乳产销信息为研究对象，对国家奶业科技创新联盟企业进行了走访调研，组织分析师进行需求讨论，探索优质乳产销信息分析服务平台建设方法，并提出了构建产销信息管理服务平台的搭建思路、框架和内容，形成了优质乳产销信息管理评价办法，为国家奶业科技创新联盟企业实现乳制品产销信息大数据监测、提高信息利用价值、提供科学决策支撑，为我国建设此类信息管理服务平台提供参考。

本书的出版得到了中国农业科学院基本科研业务费专项——优质乳产销信息管理评价与发布服务技术研究和农业农村部食物与营养发展研究所基本科研业务费专项——奶源自给率变化趋势及主要影响因素分析等课题的资助，并衷心感谢研究员王加启、程广燕，副研究员张养东的指导。最后，对于书中遗漏或不当之处，恳请大家批评指正。

摘 要

本书由上、下两篇组成，上篇为“优质乳全产业链数据分析技术与服务需求”，通过对国家奶业科技创新联盟、分析团队、社会公众等不同群体的需求分析，提出了优质乳全产业链数据分析服务平台的建设目标、总体架构、功能设计以及进度计划，并对该项目的经济效益和社会效益进行了分析评估。下篇为“优质乳产销信息管理评价办法”，涵盖了信息来源、采集办法、采集内容、采集流程、共享办法以及质量控制与评价等内容，为实现优质乳全产业链信息收集、利用，充分发挥数据价值提供参考。

目录

上篇　优质乳全产业链数据分析技术与服务需求

下篇　优质乳产销信息管理评价办法

上　篇

PART ONE

优质乳全产业链数据分析技术与服务需求

第一章 项目基本情况

一、项目名称

优质乳全产业链数据分析服务平台项目。

二、建设单位

农业农村部食物与营养发展研究所。

三、建设背景

（一）国家高度重视乳业的发展和振兴，出台一系列政策推进乳业高质量发展

牛奶是人类不可或缺的全营养食品。乳业是健康中国、强壮民族不可或缺的重要产业，是食品安全的代表性产业。中国乳业的发展历来受到国家高度重视，近年来，

国务院办公厅、农业农村部等均围绕乳业做强做优先后出台一系列指导意见和行动方案。2018年，国务院办公厅印发《关于推进乳业振兴保障乳品质量安全的意见》，提出“坚定不移贯彻新发展理念，按照高质量发展的要求，以实施乡村振兴战略为引领，以优质安全、绿色发展为目标，以推进供给侧结构性改革为主线，以降成本、优结构、提质量、创品牌、增活力为着力点，强化标准规范、科技创新、政策扶持、执法监督和消费培育，加快构建现代乳业产业体系、生产体系、经营体系和质量安全体系，不断提高乳业发展质量效益和竞争力，大力推进乳业现代化，做大做强民族乳业，为决胜全面建成小康社会提供有力支撑”。

2019年，农业农村部制订了《乳业品牌提升实施方案》，提出“将质量作为乳业品牌发展的第一要义，落实‘四个最严’的要求，构建覆盖全产业链的质量监管体系和高效安全的生产体系，确保生产出的产品安全优质、经得起消费者检验。修订生乳国家标准，提高营养标准，严格卫生标准。强化源头生产管理，严格奶牛养殖环节饲料、兽药等投入品使用管理，提升养殖标准化水平”。

2020年，《国务院办公厅关于促进畜牧业高质量发展的意见》提出“肉蛋奶是百姓‘菜篮子’的重要品种”，进一步明确奶类在百姓“菜篮子”中的重要地位。

2022年，农业农村部制订了《“十四五”乳业竞争力提升行动方案》，着力提升乳业竞争力，保障奶类供给安全。方案的重点任务之一是提高生鲜乳质量安全监管水平，主要包括完善乳制品质量安全法规标准体系，健全生鲜乳生产、收购、运输等管理制度。强化源头治理，推进奶牛健康养殖，加强奶牛疫病防控，开展奶牛养殖兽用抗菌药使用减量化行动试点，严格养殖环节饲料、兽药等投入品使用，保障乳制品质量安全。

（二）国家奶业科技创新联盟推动实施的优质乳工程，在引领推动行业高质量发展方面成效显著

为了让中国消费者也能喝上好牛奶，2013年，中国农业科学院专家向国家建议实施“国家优质乳工程”。该工程示范的优质奶与目前市场上所谓的“高端奶”有本质区别，其市场平均价格低于同类产品价格的20%～30%，不是专供高档消费的特殊奶产品，而是以科学、客观的标准评价出来的消费者身边的优质奶。2016年，国家奶业科技创新联盟大力实施优质乳工程，该工程首次明确提出“优质奶产自本土奶”的科学理念。经过多年发展，已经有25个省（区、市）60余家企业进行优质乳生产示范，

引领推动行业高质量发展。

（三）数据洞察成为政府、企业、社会组织提高科学决策水平的重要支撑

随着互联网的迅猛发展，大数据已成为企业、社会、国家重要的基础性战略资源，“用数据说话、用数据决策、用数据管理、用数据创新”，实现决策科学化，已经成为国家经济建设、社会治理、企业经营管理升级的关键因素。尽管数据作为信息，其本身无法被直接应用于生产，但通过分析和预测数据（信息）指导经济物品的生产与应用，将显著降低经济物品的交易成本，从而提高劳动生产率。

2020年4月发布的《中共中央 国务院关于构建更加完善的要素市场化配置体制机制的意见》明确提出“加快培育数据要素市场”，将“数据”与土地、劳动力、资本、技术等传统要素并列为要素之一。“数字经济”是由数据驱动，以数据赋能，将数据共享开放贯通于经济运行全周期、全流程、全领域的精密体系，其中数字政府作为公共数据的拥有主体，推动公共数据与社会数据深度融合应用。未来将更加注重发挥数据要素的价值，进一步提升数据思维、创新数据政策、优化数据管理，充分释放数据红

利，强化数据资源在经济建设中的关键作用，推动数字全方位赋能产业发展迭代进化、加速创新，构建数据驱动的经济治理框架，推动政府决策更加科学、公共服务更加高效、社会治理更加精准。

（四）中国乳业面临的问题亟待通过信息化手段实现提质增效

“十三五”期间，乳业振兴取得显著成效。2020年，全国奶类产量为3529.6万吨，比2015年提高了7.1%。据农业农村部监测数据显示，百头以上的奶牛规模养殖比重达67%，比2015年提高了18.9个百分点；奶牛年均单产达到8.6吨，比2015年提高了2.6吨。规模牧场生鲜乳乳蛋白、乳脂肪等指标达到乳业发达国家水平，乳制品抽查合格率位居食品行业前列。全国人均乳制品消费量折合生鲜乳达38.3公斤，比2015年增长6.5公斤。总的来看，我国乳业生产水平明显提升，质量安全达到较高水准，乳制品消费实现快速增长，为乳业全面振兴创造了良好的条件。但是，由于乳业生产成本高、产销衔接不紧密、产业链利益联结机制不完善等原因，中国乳业仍然存在产业竞争力不强、养殖加工发展不平衡、产品供需结构不平衡、市场消费培育不充分等突出问题。其主要原因在于企业和政府相关部门对于产业上下游产销信息掌握不足、信息底数不清、关键指标监测不及时、信息发布不规范等，难以摸清生产和消费的真实情况，不利于乳业的长期均衡发展。

乳业要想从根本上提升决策和管理的水平，就需要合理应用大数据思维模式，收集乳业全链条数据，分析数据，利用数据，及时把握优质乳产业生产、加工、流通、贸易数据，进而掌握全产业链、供应链、价值链全貌，总结优质乳产业发展趋势，助力政府科学决策，助力企业生产经营，提高公众对优质乳的认知。

构建优质乳全产业链数据分析服务平台，充分利用现代信息技术，实现数据汇集和分析，可为政府管理部门、联盟企业、消费者提供优质乳全产业链数据，满足联盟企业数据查询统计需求，提升政府宏观决策能力，发挥数据价值，确保数据的真实性、全面性、可靠性，为企业提供更有效的服务。

四、建设内容

以农业农村部、国家奶业科技创新联盟企业、社会公众为主体，围绕优质乳数据采集处理、统计分析、决策支持、健康科普等方面需求，依托大数据技术，通过数据填报、数据交换、页面采集等多种方式，整合优质乳相关企业基础信息，建立养殖、加工、贸易、消费（流通、价格）、舆情及政策等数据的优质乳全产业链数据分析服务平台。

该平台建设有“数据采集、数据处理、统计分析、调研问卷、质量控制、政策法规”六大应用功能，用户通过PC端、手机端（小程序）等方式进行访问和应用。建设四大数据库，包括原始库、基础库、业务库、政策法规库，为用户提供综合数据服务。

五、建设规模

本项目建成后将面向25个省1450个市的60家联盟企业及20家潜力企业，采集覆盖企业基础信息、养殖、加工、贸易、消费（流通、价格）、舆情及政策的指标数据。将为81家企业提供企业级数据服务，为不少于100位农业农村部首席分析师及专家团队提供政府级数据服务，通过门户网站、公众号等渠道扩大优质乳宣传，让更多的消费者了解、认同优质乳，提振国人对民族乳业的消费信心。

六、建设周期

本项目建设周期预计为6个月。

七、建设总投资

本项目总投资为736500元。

第二章

需求分析

一、用户分析

根据系统用户性质和职责不同，本项目的用户包括联盟企业用户、农业农村部牛奶首席分析团队、社会公众三类用户。

（一）联盟企业用户

“国家优质乳工程”是由国家奶业科技创新联盟发起并实施的推动乳业可持续发展的专项研究项目，主要包括创建优质乳标识制度、推动奶牛养殖技术升级、全面实施乳制品加工工艺标准化监管等方面内容。

截至2021年底，有25个省（区、市）61家企业实施了优质乳工程技术体系，其中34家通过了验收。本项目将全面覆盖实施优质乳工程技术体系的企业，并将遴选20家潜力企业作为项目的主要用户。每个企业拟需要2名信息填报员进行信息填报，本项目将为81家企业162名信息填报员提供数据填报功能，以便获取养殖、生产、流通、贸易等乳业全产业链的信息。

1. 通过验收的企业名单

序号	企业名称	省（市）
1	昆明雪兰牛奶有限责任公司	云南
2	福建长富乳品有限公司	福建
3	辽宁越秀辉山控股股份有限公司	辽宁
4	重庆市天友乳业股份有限公司	重庆
5	杭州新希望双峰乳业有限公司	浙江
6	中垦华山牧乳业有限公司	陕西
7	光明乳业股份有限公司华东中心工厂	上海
8	上海乳品四厂有限公司	上海
9	上海永安乳品有限公司	上海
10	浙江省杭江牛奶公司乳品厂	浙江
11	南京光明乳品有限公司	江苏
12	广州光明乳品有限公司	广东
13	北京光明健能乳业有限公司	北京
14	成都光明乳业有限公司	四川
15	武汉光明乳品有限公司	湖北
16	河北新希望天香乳业有限公司	河北
17	四川新华西乳业有限公司	四川
18	青岛新希望琴牌乳业有限公司	山东
19	广东燕塘乳业股份有限公司	广东
20	广州风行乳业股份有限公司	广东
21	山东得益乳业股份有限公司	山东
22	安徽新希望白帝乳业有限公司	安徽
23	南京卫岗乳业有限公司	江苏

续表

序号	企业名称	省（市）
24	湖南新希望南山液态奶业有限公司	湖南
25	河南花花牛乳业集团股份有限公司	河南
26	现代牧业（蚌埠）有限公司	安徽
27	现代牧业（塞北）有限公司	河北
28	新希望双喜乳业（苏州）有限公司	江苏
29	西昌新希望三牧乳业有限公司	四川
30	广东温氏乳业股份有限公司	广东
31	扬州市扬大康源乳业有限公司	江苏
32	兰州庄园牧场股份有限公司	甘肃
33	贵州好一多乳业股份有限公司	贵州
34	湛江燕塘乳业有限公司	广东

2. 正在实施优质乳工程的企业名单

序号	企业名称	省（区、市）
1	新疆天润生物科技股份有限公司	新疆
2	云南乍甸乳业有限责任公司	云南
3	广泽乳业有限公司	吉林
4	湖北俏牛儿牧业有限公司	湖北
5	杭州味全食品有限公司	浙江
6	天津海河乳业有限公司	天津
7	山西九牛牧业股份有限公司	山西
8	湖南优卓食品科技有限公司	湖南
9	君乐宝乳业集团有限公司	河北
10	贵州南方乳业有限公司	贵州
11	浙江一鸣食品股份有限公司	浙江
12	临沂格瑞食品有限公司	山东
13	甘肃祁牧乳业有限责任公司	甘肃

续表

序号	企业名称	省（区、市）
14	大同市牧同乳业有限公司	山西
15	黑龙江飞鹤乳业有限公司	黑龙江
16	安徽曦强乳业集团有限公司	安徽
17	中宁县黄河乳制品有限公司	宁夏
18	邯郸市康诺食品有限公司	河北
19	皇氏集团湖南优氏乳业有限公司	湖南
20	城步羴牧牧业有限公司	湖南
21	山东德正乳业股份有限公司	山东
22	四川雪宝乳业集团有限公司	四川
23	新疆瑞源乳业有限公司	新疆
24	新疆西域春乳业有限责任公司	新疆
25	福建驼能生物科技有限公司	福建
26	浙江美丽健乳业有限公司	浙江
27	廊坊味全食品有限公司	河北

（二）农业农村部牛奶首席分析团队

农业农村部牛奶首席分析团队的主要任务是采集乳业产业链信息，通过模型分析计算，开展研究报告分析，为农业农村部领导提供决策支持。比如，通过开展奶类全产业链损耗调研，获取奶类产品在生产环节所产生的实物量、价值量以及营养量数据，从生产环节到零售环节相对应的价值量的损耗情况，为建立中国奶类产品供需平衡表、判断国内奶类供需情势提供有力支撑。

（三）社会公众

平台将社会公众作为重要用户，平台采集的全产业链数据、分析报告数据不涉及国家机密、商业秘密和个人隐私，可以通过公众号、门户网站进行发布，供消费者进行浏览、查询、下载。

二、业务需求

（一）乳业行业发展分析

1. 乳制品行业分析

乳制品指的是以牛乳或羊乳及其加工制品为主要原料，加入或不加入适量的维生素、矿物质和其他辅料，按照法律法规及标准规定所要求的条件，经加工制成的各种食品，也叫奶油制品。乳制品包括液态奶（巴氏杀菌乳、灭菌乳、调制乳、发酵乳），乳粉（全脂乳粉、脱脂乳粉、调制乳粉、牛初乳粉），其他乳制品，等等。

（1）发展现状

乳制品产业是重要的民生类行业，随着国民经济的发展和居民生活水平的提高，乳制品成为居民的日常食品，乳制品行业的工业总产值不断增加，在国民经济中的比重不断提高。

①乳制品行业市场规模持续增长

根据中国乳业协会数据显示，2015—2019年，全国规模以上乳制品企业数量逐年下降。经过了多年转型调整，我国乳制品行业发展再次展现了旺盛的活力。2020年以来，全国规模以上乳制品企业数量不断增长，截至2021年11月底，我国规模以上乳制品企业数量达到591家，乳制品产量及销量分别达到3032万吨和3035万吨。随着中国人民生活水平的逐渐提高，乳制品行业市场会不断扩大并趋于成熟，经食品行业研究中心预测，2021年后我国乳制品市场仍将会稳步发展，到2024年乳制品市场零售总额预计突破5600亿元，中国将成为世界上乳制品消费最大的潜在市场。

②乳制品质量安全水平大幅提升

近年来，为了保证乳制品质量安全，我国出台了一系列关于乳制品行业的法律法规及产业政策。乳制品安全监管体系也日趋完善，生鲜乳抽检覆盖全国4241个生鲜乳收购站和5280辆运输车。《中国乳业质量报告（2021）》显示，2020年，乳制品和生鲜乳抽检合格率分别达到99.87%和99.80%，继续保持较高水准；乳蛋白、乳脂肪的抽检平均值分别为3.27%、3.78%，达到发达国家水平；菌落总数、体细胞抽检平均值优于欧盟标准；三聚氰胺等重点监控违禁添加物抽检合格率连续12年保持100%。乳制品质量安全水平大幅提升，消费者在选择乳制品尤其是液态奶时，对国产品牌的信心正逐步增强。

③我国乳制品消费结构相对单一，以液态奶为主

我国乳制品行业起步晚、起点低，但由于庞大的人口基数，近些年，我国乳制品销售规模达到了4196亿元，位列全球第二。在乳制品行业发展中，随着高温灭菌乳生产和包装技术的发展，液态奶的增速明显。从细分市场看，我国乳制品生产加工主要是以液态奶为主。2019年，我国液态奶产量为2537.7万吨，同比增长5.80%，占乳制品产量的比重高达93.32%；干乳制品产量为181.7万吨，同比增长2.50%，仅占乳制品产量的6.68%，液态奶日益成为国民消费重要的组成部分。

（2）发展趋势

①乳制品市场规模将逐年增长

我国乳制品行业起步晚、起点低，近年来从人均液态奶消费量来看，我国与世界平均水平仍然存在较大差距，到2021年，我国人均奶类占有量只有世界平均水平的三分之一，与发达国家相比差距更大。2020年发布的《中国居民奶及奶制品消费指导》提出“每人每天摄入300克液态奶

或相当于300克液态奶蛋白质含量的其他奶制品”，增强免疫力。随着我国经济的发展、人民生活水平的进一步提高，我国乳制品市场存在巨大的发展空间。

②乳制品低温化将成为未来消费的重要方向

随着我国居民消费水平和健康意识的提升，以及后疫情时代居民营养健康意识的强化，营养成分成为消费者挑选乳制品时极为看重的因素，因此对乳制品的种类要求不断提高，从原来单一的常温纯牛奶逐步发展为常温纯牛奶、常温酸奶、低温鲜奶、低温酸奶、含乳饮料等多个品类齐头并进的发展态势。随着乳制品消费理念的不断提升，以及食品领域冷链建设的加快，我国巴氏杀菌产品、低温酸奶的消费占比正不断提高，未来有望成为液态奶市场的主导产品。

③对乳制品的安全监管未来将进一步加强

为保障乳制品的安全，我国发布了一系列政策文件。其中包括“乳业十三五规划”，将乳制品行业定位为食品安全的代表性产业，建设以安全为核心的法规标准体系，强化质量安全监管，消除产业链各环节监管漏洞，建立公平有序的市场秩序。国务院办公厅印发的《关于推进乳业振兴保障乳品质量安全的意见》指出，要全面部署加快国产乳业振兴，保障乳制品质量安全工作。

目前，我国乳业已初步建立基于风险分析和供应链管理的法律法规、技术标准、监督管理的治理体系，覆盖从牧场到餐桌的全过程。虽然国产奶品质大幅提升，但仍不能掉以轻心。未来，行业标准、法规、制度将更加完善，行业准入门槛将进一步提高，乳制品安全检测技术将进一步加强。

（3）产业链条

乳制品产业链可分为上游、中游、下游，上游为奶牛养殖、生鲜乳生产等；中游为液态奶、乳粉、干乳制品等乳制品；下游为超市、便利店、电商平台等销售渠道（见图2-1）。

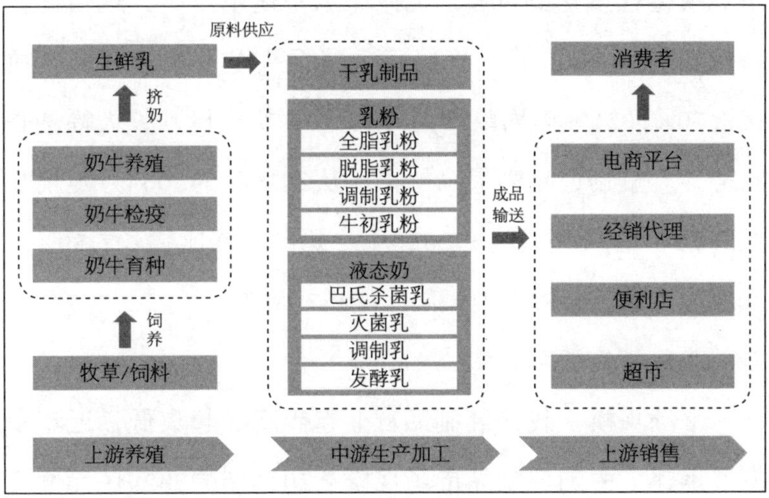

图2-1　乳制品产业链

①乳制品行业上游

饲料。据调查了解到，近年来，我国饲料产量呈现先降后升的趋势，由2017年的28465.5万吨降至2019年的26184.0万吨，2020年饲料产量有所增长，达29355.0万吨，同比增长11.70%。2021年1—11月，我国饲料产量累计达28850.0万吨，同比增长12.80%。

奶牛。据调查了解，2020年受新冠肺炎疫情影响，消费增长放缓，奶牛数量增长速度明显变慢。2019年中国奶牛数量为610万头，2020年中国奶牛数量为615万头。

牛奶。2021年，中国乳业步入高质量发展阶段，在乳业振兴利好政策持续带动下，调查数据显示，中国奶牛养殖规模化程度达到70%，机械化水平逐步提高，规模化养殖场实现100%机械化挤奶；全国百头以上规模养殖比重接近70%，奶牛年均单产为8.7吨。牛奶产量延续大幅增长态势，产量创近年来最高增幅，从2016年的3064万吨增长至2020年的3440万吨，2020年牛奶产量同比增长7.50%，2021年牛奶达3683万吨，同比增长7.10%。

②乳制品行业中游

市场规模。我国乳制品行业起步晚、起点低，近年来发展迅速。中国乳制品市场规模从2016年的5329亿元增长至2020年的6385亿元，年均复合增长率达4.62%。近些年，我国乳制品行业的发展速度很快，但我国的乳制品人均消费量与世界平均水平差距还很大，市场发展空间大，预计2022年将进一步增长至7107亿元。

销售收入及利润。根据国家统计局数据，2021年1—11月进入统计范围的企业591家，比1—10月数据增加6家，其中亏损企业140家，比1—10月数据增加3家，亏损比例23.70%；规模以上乳企主营业务收入为4288.32亿元，同比增长10.21%；利润总额为331.45亿元，同比下降0.14%。销售利润率为7.73%，比1—10月数据增加0.06个百分点。

产量。据调查了解到，2020年，我国规模以上企业乳制品产量为2780.40万吨，其中液态奶产量为2599.40万吨，奶粉产量为101.20万吨（其中婴幼儿配方奶粉产量约为65.00万吨），奶粉占全部乳制品产量的比重约为3.64%，而婴幼儿配方奶粉占所有奶粉产量的比重约为64.23%。2021年1—11月我国乳制品产量达2750.60万吨，同比增长9.30%。

细分市场。据调查了解到，2021年，奶制品加工量保持增长，年内呈逐月放缓态势。据国家统计局数据，全年奶制品加工量为3031.66万吨，比上年增长9.40%。其中液态奶加工量为2842.98万吨，比上年增长9.70%；奶粉加工量为97.94万吨，同比增长1.80%。奶制品加工集中度进一步提高，其中河北、内蒙古和山东三省（区）奶制品加工量居全国前三位，分别占全国的13.10%、12.10%和8.00%，排名前十位的省（区、市）加工量达2071.43万吨，占全国奶制品加工总量的68.3%。

竞争格局。饮用奶是目前我国乳制品消费中最主要的部分，调查数据显示，2021年中国饮用奶市场中，市场份额占比前三的分别为伊利、特仑苏及金典，占比分别为9.80%、8.50%及7.70%。其次为蒙牛和旺仔，占比为7.60%及4.50%。中国婴幼儿配方奶粉前五企业市场份额占整体比重超过50%，从婴幼儿配方奶粉细分市场品牌占比来看，飞鹤、惠氏、达能占据婴幼儿配方奶粉市场的前三，合计占比达到37.60%。其中，飞鹤为婴幼儿配方奶粉品牌行业第一，其市场份额为14.80%。第四、第五为君乐宝和澳优，占比为6.9%及6.3%。

企业分布情况。截至2021年，国内乳制品上市企业主要分布在上海、浙江及新疆。其中位于上海的企业最多，分别为光明乳业、妙可蓝多、品渥食品及海融科技。

③乳制品行业下游

销售渠道。我国乳制品消费结构持续优化，网购、新零售等渠道加快发展，乳制品消费升级趋势明显。随着大数据、物联网、冷链技术的发展，网购以及无人零售、生鲜电商、社区店等“新零售”消费渠道发展步入快车道。调查数据显示，2020年我国乳制品新零售渠道占比高达97.50%。

消费结构。我国乳制品及婴幼儿配方奶粉产量有一定波动，但整体呈上升趋势，特别是在2016年经历下滑后开始回升。近年来，大型综合乳制品企业发展受到一定影响，部分专注于细分行业、具有差异化竞争优势的乳制品企业发展较快，乳制品行业市场呈现明显的结构化特征。目前，我国乳制品消费以饮用奶为主，调查数据显示，2020年我国饮用奶销售规模为2507亿元，占比达39.26%。婴幼儿配方奶粉和酸奶消费位列第二、第三，销售规模为1764亿元、1507亿元，占比为27.62%、23.60%。

2. 国家优质乳工程

（1）国家优质乳工程简介

“国家优质乳工程”是农业农村部（原农业部）授权“中国农业科学院北京畜牧兽医研究所乳业创新团队”针对中国乳业实现可持续发展的专项研究项目。2013年由农业部、国家乳业创新联盟发起并实施。涵盖了优质乳标识、优质生鲜乳用途分级标准、优质乳加工工艺规范和优质乳评价4个方面，并在牛奶生产全过程的关键控制点设立了远高于欧美等乳业发达国家的行业标准。同时优质乳工程的标准填补了长期以来的行业空白。

以奶源为例，国家优质乳工程将生鲜乳标准定在很高的水平。对脂肪、蛋白质都有很高的要求，保留牛奶天然活性营养是“国家优质乳工程”最核心的要素。

等级	乳脂肪（%）	乳蛋白（%）	体细胞数（万个/mL）	菌落总数（万 CFU/mL）
特优级（优质乳）	≥3.30	≥3.10	≤30	≤10
美国	≥3.20	≥3. 00	≤75	≤10
欧盟	—	—	≤40	≤10

国家优质乳工程项目通过重点普及以巴氏工艺加工的巴氏鲜奶，还原牛奶特有的天然活性营养消费价值。“国家优质乳工程”是乳业的一场革命，是消费者处于顶端，消费者决定生产类型、决定加工产品类型，而不是加工决定消费。因此，“国家优质乳工程”通过巴氏鲜奶对全产业链体系的高标准要求，倒逼乳企构建优质全产业链质量管理体系，对牧场、工艺和管理制定高标准。

（2）国家优质乳工程背景

2008年以来，中国乳业持续出现负增长，且进口乳制品年增长率超过30%。究其根本原因，一是乳业质量安全状况依然不稳定，又有部分媒体借机炒作，夸大危害，导致广大消费者对国产乳制品心存疑虑，消费信心低迷；二是长期以来我国乳业链中利益分配严重不平衡，奶农处于弱势地位，效益一直偏低，造成优质奶源供应不足；三是过度依赖进口，导致我国乳业失去技术创新和经济效益的制高点。

在中国乳业进入转型升级、提质增效的关键时期，中国农业科学院北京畜牧兽医研究所乳业创新团队经过多年艰苦探索和协同创新，形成并提出了适合国情的“优质乳生产的奶牛营养调控与规范化饲养技术”成果，于2013年由农业部向国家建议实施“国家优质乳工程”，获得国家相关部门的高度认可，至此“国家优质乳工程”正式在全国范围内展开。2016年，国家奶业科技创新联盟正式成立，首批成员由11家中央科研单位、23家省部地市级科研单位、18家高等院校和23家乳制品相关企业共75家单位组成，“农业部奶产品质量安全风险评估实验室”担任理事长单位；国家奶业科技创新联盟明确提出“大力实施优质乳工程，推动民族乳业转型”的目标，至此“国家优质乳工程”实现了由理论向实践、由企业向市场的转变；随着福建长富、重庆天友、云南雪兰等首批实施“国家优质乳工程”的企业通过项目验收，则标志着“国家优质乳工程”正式落地，达到国际先进标准的优质巴氏鲜奶正式进入当地消费市场。

(3)国家优质乳工程内容

①普及巴氏鲜奶

“国家优质乳工程”是从“传统乳业”到“现代乳业”的转变标志，是对中国乳业的一场思想的重大变革。“国家优质乳工程”以创建优质乳标识制度、保障优质原料奶的稳定生产供给、全面实施乳制品加工工艺标准化监管为实施手段；以拥有“优质奶源”和“巴氏保鲜工艺”两大绝对优势的“巴氏鲜奶”作为战略方向；以实现牛奶天然活性营养的保存为核心标准，最终实现产业可持续发展、国民消费信心提升、中国乳业全面振兴的总体目标。

“国家优质乳工程”大力推动奶牛养殖技术升级，保障优质原料奶的稳定生产和供给是“国家优质乳工程”的基础。经过系统研究，工程取得了重要技术创新，形成了“优质乳生产的奶牛营养调控与规范化饲养关键技术”成果，已经在生产中得到验证和示范，使蛋白质饲料利用效率提高8%～15%，乳脂率和乳蛋白率分别达到3.50%和3.10%，牛奶体细胞数低于40万个/mL，菌落总数低于10万CFU/mL，达到国际上优质乳的营养品质和卫生安全水平，为我国奶牛养殖业实现从数量发展到优质发展奠定了坚实的技术基础。

全面实施乳制品加工工艺标准化监管，彻底消除企业随意改变工艺的乱象，确保为消费者提供营养丰富、安全可靠的优质乳制品，是“国家优质乳工程”的保证。

随着技术的进步，我们已经来到了基因组学的时代。通过科学研究发现牛奶中存在的很多生物活性营养成分，其含量之高和种类之多，超乎常人的想象，它们都是具有重要生理功能的活性物质，牛奶的消费价值绝不仅仅是我们熟知的脂肪与蛋白质，保留牛奶天然活性营养是“国家优质乳工程”对于加工工艺的最核心要求。这就意味着即使拥有优质原料奶，如果加工工艺不合理，也不能生产出优质乳制品。加工热度不够，就不能达到杀菌的目的，加工热度过量，又会严重破坏牛奶的营养成分。

目前市场货架上最为常见的常温奶（纯牛奶）为超高温工艺加工，破坏了牛奶中的许多天然活性营养。因此，“国家优质乳工程”普及巴氏保鲜工艺，用温和的手段、最大限度保留牛奶中的天然活性营养。

②创建优质乳标识制度

优质乳标识制度的创建、运用和监管是“国家优质乳工程”的核心内容和首要条件。优质乳标识的含义是要求每一盒乳制品包装上都要明确标识原料奶的质量等级和加工参数，未来消费者只需要凭借牛奶包装上的分级标志即可分清牛奶的具体等级，真正实现明白消费。这既是实现消费者知情权的基本法律要求，也是引导乳制品加工企业把大量广告投资用于收购优质原料奶的有效措施，也是国际上发展优质乳的成功经验。

（二）优质乳全产业链数据分析业务需求

要实现对优质乳产业进行全面、真实、准确的分析，需要采集生产、流通、消费各个环节的数据，因此数据采集、分析是本项目核心的业务需求。

优质乳全产业链数据分析业务流程包括客户原始需求、数据方案定制、数据采集、数据加工、数据使用等环节的管理。充分发挥数据价值，为国家奶业科技创新联盟企业和社会公众提供数据服务，为政府管理人员提供决策支持。

优质乳全产业链数据分析业务流程如下：

1. 手工填报类业务

手工填报类信息是不可或缺的一手信息，具备很高的数据价值。目前优质乳全产业链数据分析业务中，有些是需要手工填报的，手工填报业务流程如下（见图2-2）。

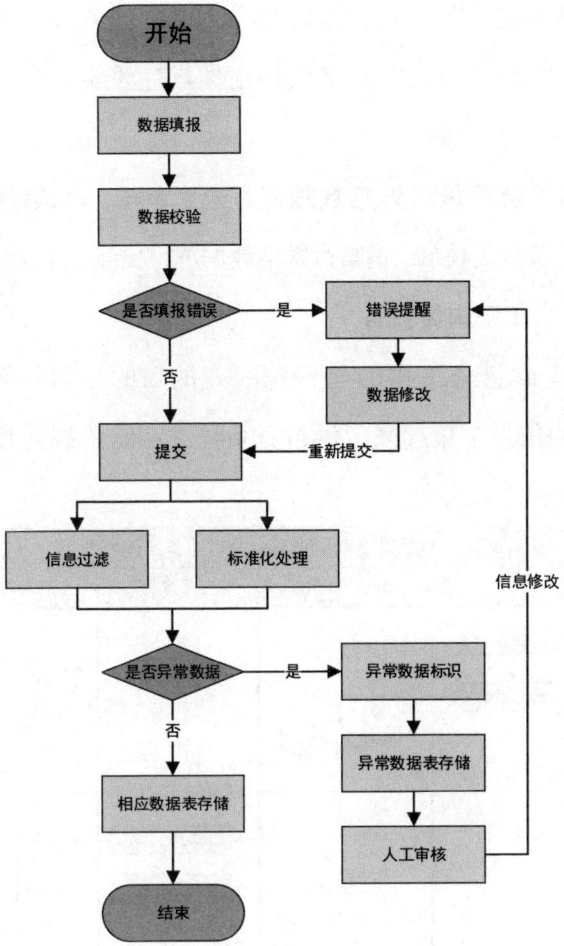

图 2-2　手工填报类业务流程

（1）信息上报用户用手机或者电脑登录优质乳信息采集系统，根据系统中的表格内容进行填报，系统会自动进行数据校验，对错误数据进行提醒，用户修改无误后提交。

（2）用户填报的信息进入数据库中的过滤表，进行信息过滤和标准化处理，对异常数据加以标识，进入异常数据表。

（3）预处理后的正常数据根据程序设定，进入相应的数据表中进行存储。

（4）管理员对异常数据进行人工审核，确认是填报错误的，则与填报人联系，请其对异常数据进行更正后再次提交。

2. 人工采集类业务

人工信息采集指的是根据一定的目的，将系统内外各种形态的信息汇集起来，供自身系统或其他系统使用的过程（见图2-3）。

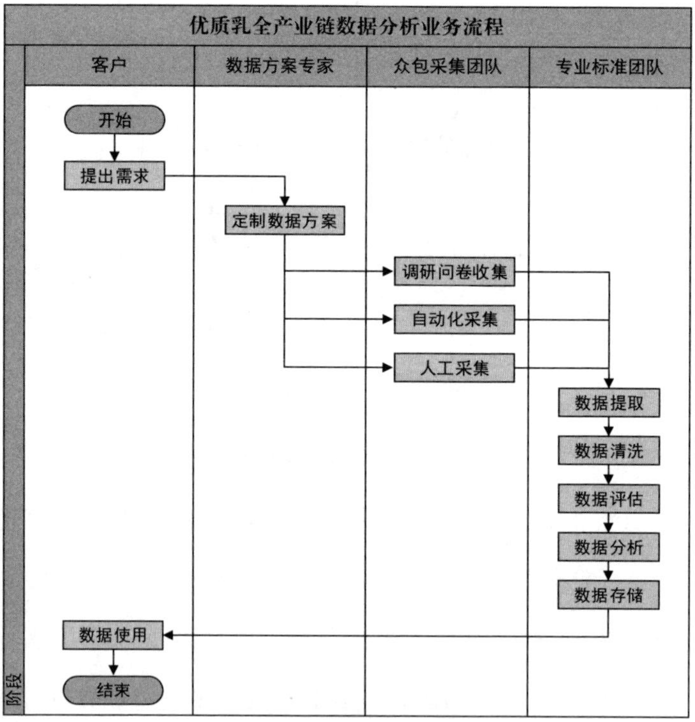

图2-3 人工采集类业务流程

（1）提出需求：用户提出数据采集的需求，如采集周期、采集内容、报送方式等。

（2）订制数据方案：数据方案专家根据客户提出的原始需求，制订数据方案。

（3）数据获取：众包采集团队根据定制的数据方案，通过调研问卷、人工采集、自动化采集等方式对数据进行获取。

（4）数据加工：专业标准团队对采集的数据通过数据提取、清洗、评估、分析等方式进行数据加工，最后输出标准化数据。

（5）数据使用：标准化数据输出后，对可用数据进行验收，即客户可以通过系统使用数据，包括对数据的浏览、查询、下载等。

三、功能需求

目前，优质乳全产业链的数据监测能力以及数据收集工作还不够全面，难以摸清优质乳产业全链条的真实情况，不利于乳业的长期发展，优质乳产业全链条数据收集工作需要进一步规范。因此，建设优质乳全产业链数据分析服务平台，通过信息化技术收集乳业全链条数据，能够及时把握优质乳产业生产、加工、流通、贸易数据，并通过大数据分析功能对收集的数据进行分析，进一步发挥数据的最大价值，助力政府科学决策，助力企业生产经营，提高公众对优质乳的认知。

优质乳全产业链数据分析服务平台的功能包括数据采集、数据处理、信息订阅发布、统计分析、调研问卷、质量控制、政策法规、系统管理等内容，各功能具体需求如下。

（一）数据采集功能需求

数据采集，又称数据获取，是利用一种装置，从系统外部采集数据并输入系统内部的一个接口。为了获得优质乳全产业链的数据，数据采集需满足以下功能：

（1）系统能够支持对数据模板的管理，通过系统能够实现模板上传、编辑、查询列表、下载、分类等功能，便于采集数据后对数据的管理。

（2）能够支持数据的填报功能，实现数据在线填报、自动校验、内容保存、状态查看、导入导出等功能。

（3）系统应预留共享交换接口，便于各用户能够实现系统对接，进行数据交换，支持批量文件导入。

（4）系统能够提供网页采集功能，该功能需支持采集来源配置、字段定位抽取、动态页面采集、爬虫调度、爬虫监控等。

（二）数据处理功能需求

数据处理是指对数据（包括数值的和非数值的）进行分析和加工的技术过程，也就是对数据的采集、审核、加工、变换和传输，将数据转换为信息的过程。为了能将采集的数据进行处理并使用，系统的数据处理功能需能够支持以下内容：

（1）需能够支持数据清洗，需提供清洗规则配置、垃圾信息过滤、数据去重、数据格转、数据校验等功能。

（2）系统需能够提供数据审核，该功能需能够包括对待审核任务的查看、问题数据能够以列表方式查看、能够导出问题数据、能够对数据进行审核、修订等。

（3）系统需能够支持自定义数据装载、批量数据装载以及实时数据装载。

（4）需能够依据汇总统计规则，自动将已经上报的数据进行汇总，生成汇总数据进行存储。

（三）信息订阅发布功能需求

信息订阅发布功能主要是为用户提供专属的数据信息

服务通道，用户能够根据需求快速地获取相应的数据。

（1）系统需能够提供数据订单，用户登录系统后能够通过提交数据订单向系统提出订单请求，系统则根据用户的需求将用户需要的数据提供给用户使用。

（2）能够支持数据分发功能，需能够建立订阅者与数据主题的关系，使订阅者可以收到数据主题上所有发布的数据。

（四）统计分析功能需求

统计分析是指将数据进行统计并按照要求进行数据分析，最终以图表的形式展现。本系统的统计分析需能够支持以下功能：

（1）系统需能够支持对调查问卷、数据采集、乳企基础信息、养殖、加工、贸易、消费（流通、价格）、政策及舆情等方面的数据进行统计分析。

（2）系统能够支持报表的方案管理、模板管理、流程配置、导出打印等功能。

（3）需能够支持数据查询功能，包括指标查询、报表查询、综合查询等。

（五）调研问卷功能需求

调研问卷是辅助优质乳全产业链数据采集的一种方式，以问卷的形式收集数据，既减少调研时间，又能收取准确的数据。本项目中调研问卷的功能需求如下：

（1）须能够支持网络、小程序两端部署调研问卷功能。

（2）部署于网络端的调研问卷由管理人员使用，该端需能够实现问卷的管理，能够提供问卷设计、发送、校验、统计、生成调研报告等功能。

（3）部署于小程序端的调研问卷由被调研人员使用，该端需能实现我要填表、表单提交、填报历史等功能。

（六）质量控制功能需求

质量控制是为了全面提高优质乳全产业链数据分析服务平台的数据质量，确保数据采集的完整性、稳定性、持续性而构建的系统功能，该功能需求如下：

（1）须能够实现在数据填报过程中的提醒功能，需能够在规定的数据填报时间之前提醒企业进行数据填报；同时也能够在规定的数据填报时间之后提醒未填报的企业。

（2）为了保证系统中数据的质量，系统须提供质量抽查功能，支持通过时间、名称、区域等关键字的检索对数据进行抽查，查验数据的质量情况。

（3）须提供质控报告功能，在系统对数据的质量统计分析后，需能够针对数据的完成率、迟报率、未报率、修改次数等维度出具数据质控报告。

（4）系统须能够根据质量评价指标，以及填报人员工作量的量化评价标准，对企业填报的数据、填报人员进行评价，并根据打出的分数进行排名。

（七）政策法规功能需求

政策法规功能主要为了满足用户快速、便捷地查询检索所需要的政策法规、标准规范文件，支持数据分析工作而设计的功能。

系统须满足政策法规的编辑发布、政策查询、法条查询、政策下载及收藏等功能。

（八）系统管理功能需求

系统管理主要是针对系统的使用进行管理。该功能应实现登录、角色、组织机构、权限、日志等方面的管理功能。具体需求如下：

（1）须能够支持用户的账号申请、授权、激活、忘记密码等功能。

（2）须能够支持用户、角色等方面的创建、修改、删除等功能。

（3）能够支持组织机构管理功能，实现组织机构信息的创建、修改等。

（4）针对系统的安全，需能够实现用户、用户组、职级、组织等方向的权限管理。

（5）系统须提供日志列表、日志浏览、日志统计等方面的管理，能够详细地记录系统的使用情况。

四、数据资源需求分析

（一）数据资源的现状

数据是信息资源规划和建设的起点和目标，良好的数据架构是应用进行灵活扩充的基础保证。优质乳产业相关主体在生产经营、进出口、行业管理等活动中积累了大量有价值的数据，这些数据分散在企业、政府，因为缺少统一的应用平台，没有集中进行数据采集、存储、管理、服务的体系，数据呈割裂状态，农业农村部、各企业及其他政府部门均无法有效利用该数据，因此无法发挥数据的价值及进行科学决策。

（二）数据来源及采集方式分析

优质乳产销信息散落在各个环节和各个生产经营消费主体手中，为了尽可能地减少信息采集成本、充分利用已有采集渠道，要采用手工填报、人工及机器采集、信息购置、信息共享等四种方式来实现信息的采集。

1. 手工填报

借助国家奶业科技创新联盟、中国乳业协会、科研院所等组织力量，在全国主要牧区，选择有代表性的奶牛养殖场和牛奶生产企业，建立信息监测点，由奶牛养殖场和牛奶生产企业定期上报生产、销售、成本、收益等数据，主要采集方式为手工填报，填报人使用定制开发的微信小程序或者App，在手机端进行填报。该类数据更新频率暂定为年度。

2. 人工及机器采集

人工及机器采集指的是根据一定的目的，手动操作或者编制数据爬取程序，将系统内外各种形态的信息汇集起来，供自身系统或其他系统使用的过程。

优质乳产销信息监测与分析工作，需要充分收集国家机构发布的与牛奶生产流通及消费相关的统计监测数据，如国家统计局的奶类、牛奶产量数据，全国畜牧总站发布的主产省生鲜乳价格监测数据以及中国海关总署的乳制品进出口数据。这类数据主要采用人工查询下载、导入数据库的方式来获取。

国家统计局发布的生产数据采集范围为：全国及各省历年来奶类与牛奶生产数据，数据更新频率为年；全国畜牧总站发布的主产省生鲜乳价格监测数据，数据更新频率为周；海关总署的数据范围主要是乳制品进出口分国别数据，包括数量和金额，该类数据更新频率为月。

近些年来，互联网已经成为大家进行信息传播与获取的重要途径，网络便利的同时，一些网络热点事件也不断地涌出，引起网民的舆论，对产业发展、商品销售都带来了影响。对于舆情信息的监控已成为政府与企业的重点关注内容之一。优质乳相关的舆情信息监测采用机器采集的方式，收集范围主要是：主流媒体网站、博客、微博、微信公众号、论坛等，该类数据更新频率为天。

信息来源	采集范围	更新频率
国家统计局	全国及各省历年来奶类与牛奶生产数据	年
海关总署	海关编码为040221、19011010、0405、0401、040210、0404、040229、0403、040299、040291、04011000、04012000、04014000、04015000、04021000	月
全国畜牧总站	全国10个主产省份生鲜乳平均价格	周
舆情信息	中国乳业协会、中国乳制品工业协会等主流媒体网站、博客、微博、微信公众号、论坛等	天

3. 信息购置

消费环节的某些类别的数据，存在着采集成本高昂、难度大等问题，并有可能涉及隐私，如生鲜乳价格、超市零售价格、电商零售价格、国际多边贸易数据等。因为进行分析工作时，更多关注宏观，而不需要微观数据，故可采取信息购置的方式，购买加工后的宏观数据。

鲜奶价格数据的监测范围是全国各省城市鲜奶（袋装、盒装）平均销售价格，更新频率为旬；超市价格为全国各大中城市的牛奶平均超市价格，更新频率为旬；集市价格为全国各大中城市的牛奶平均集市价格，更新频率为旬；电商价格数据的范围是主流电商平台的牛奶产品价格，主流电商平台包括：淘宝、天猫、京东、盒马鲜生、叮咚买菜等，该类数据更新频率为日。

4. 信息共享

经过多年的信息化建设，各级农业部门、商务部门、工商部门以及协会、大中型牛奶企业等都建立起了自己的应用系统，这些应用系统中存放着多年的产销数据，可探索信息共享模式，将这些信息充分应用起来，实现信息整合、挖掘、分析，发挥数据价值。

（三）数据资源形态分析

本项目主要采集的数据资源的形态包括以下类型：

序号	名称	描述和说明
1	结构化文本	带有各种文本排版信息等格式信息的文本。填报数据多为结构化文本。
2	非结构化文本	没有任何有关格式信息的文本。比如，政策法规、文件等。
3	静态图像	数字化的静态的视觉表示。例如，图片、设计图、规划图和地图等。在本项目采集的图像如企业营业执照。
4	视频	数字化的一系列的视觉表示，具有顺序演示和动感的资源。例如，优质乳的宣传动画、视频等。
5	报表	如各种单证、账册和统计报表等。例如，企业填报的生产、流通、进出口报表等。
6	数据库	存储在某种存储介质上的相关数据有组织的集合。包括关系型和非关系型数据库。

（四）数据资源的内容分析

根据对项目数据来源和服务对象的分析，平台需要满足如下数据指标的采集、加工、处理任务。

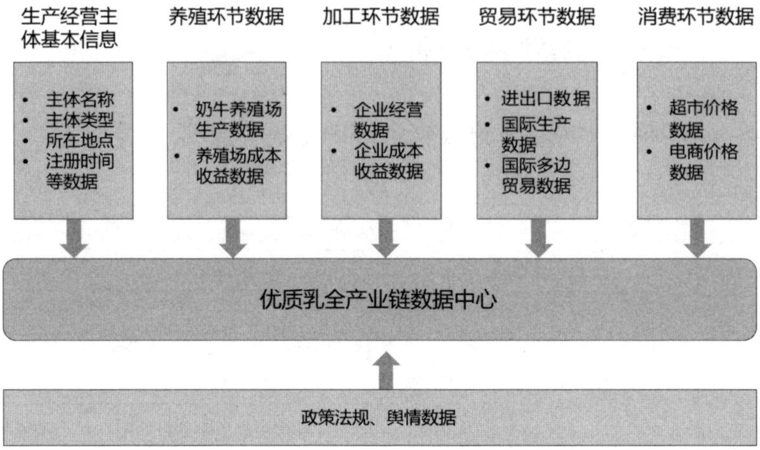

图2-4　指标内容总体需求

1. 生产经营主体基本信息

生产经营主体基本信息是监测优质乳产销变化情况、进行分析预测的重要组成部分。它的完整性直接影响到分析工作的开展，因而这部分的信息越丰富越好，但又要考虑到生产经营主体填报时的工作量不能太大，以及涉及经营隐私信息时不能进行采集等多方面因素，结合工作组以往实地调研时的工作经验，需要采集包括主体名称、主体类型、所在地点、注册时间、联系人、联系电话、所获资质等信息。

随着信息采集、数据分析、预测预警等工作的开展，这些指标可根据需要进行调整。

在采集初期，为了提高生产经营主体的积极性和配合度，指标可设置为“必填项”和“非必填项”，地点信息可调取手机GPS信息或者从下拉框中选择，时间信息可调取手机日历。

2. 养殖环节数据

奶牛养殖环节的信息主要来源于奶牛养殖场，需要采集的数据指标包括奶牛养殖场生产数据、奶牛养殖场的成本收益数据，原则上采取年报的方式获取。

奶牛养殖场生产数据如养殖场名称、年份、饲养品种、饲喂方式、主要饲喂的粗饲料与精饲料种类、养殖规模、泌乳牛数量、奶牛单产、年产奶量等数据。

3. 加工环节数据

奶牛养殖环节的信息主要来源于生产经营企业，主要包括企业经营数据和企业的成本收益数据。

企业经营数据包括：企业名称、年份、原料奶生产量、原料奶加工量、销售量、销售额、主要销售区等数据。

企业的成本收益数据包括：企业名称、年份、利润额、原料奶采购费用、场地费用、机器设备费用、水电费用、包装费用、产品研发费用、管理费用、运输费用、广告营销费用、增值税等数据。

4. 贸易环节数据

贸易环节数据主要来自国家统计局、海关总署、商务部、生产经营企业等多源数据，包括企业进出口数据、国际生产数据、国际多边贸易数据等。

5. 消费环节数据

消费环节数据主要是来自电商平台和超市等销售主体，包括超市价格数据、电商价格数据。

6. 政策法规、舆情数据

优质乳相关的舆情信息监测采用机器采集的方式，收集范围主要是：主流媒体网站、博客、微博、微信公众号、论坛等，该类数据更新频率为日。政策法规数据可以采用机器采集的方式，也可以采用人工录入方式，该类数据更新频率为月。

五、性能需求

（一）系统并发要求

通过对本项目的用户分析及业务量预估，门户系统须满足1000名用户并发访问，保证系统安全可靠稳定运行，具有高可适用性、高响应速度和可扩展性，易于维护，开发部署灵活。

（二）系统响应要求

根据业务处理类型的不同，可分为日常浏览类业务和查询类业务两类，分别给出响应时间要求的参考值，包括峰值响应时间、平均响应时间。

1. 日常浏览类业务

日常浏览类业务是指用户对信息的点击浏览操作。

平均响应时间：0.5～1秒。

峰值响应时间：1～2秒。

2. 查询类业务

例如，信息查询、统计报表生成等。查询业务由于受到查询的复杂程度、查询的数据量大小等因素的影响，需要根据具体情况而定，在此给出一个参考范围。

简单查询平均响应时间：1～2秒。

复杂查询平均响应时间：3～5秒。

六、接口需求

为提升优质乳全产业链数据利用效益，以及政府、联盟企业等用户能够充分利用本系统的数据，系统须对外提供接口，接口类型具体需求应满足以下几点。

（一）数据交换接口

系统应预留共享交换接口，便于用户浏览、查询、导出需使用的数据。接口须能够支持主流的协议接口，如SOAP、REST等web服务协议标准数据库接口方式；能够支持主流关系型数据库的接口，基于文件交换方式，支持基于自定义格式的文件交换。

（二）共建数据表

系统需提供能够与业务系统进行数据传输的接口，使得数据同步，能够保障数据的准确性、实时性。

（三）API调用

系统应提供相应API（封装好的数据交换程序），能够利用API完成相应业务功能调用。

七、其他需求

（一）开放性

本系统具有良好的可扩充性和可移植性。本系统可运行在不同的软硬件平台上，易于系统的升级。本系统应遵循主流的标准和协议，可为应用系统间交换信息提供便利，有助于提高系统扩充性。

（二）界面友好性

本系统在展现层面采用统一的风格和基调，并且提供统一的操作界面和方式。

（三）服务个性化

系统针对不同的客户，在考虑整体负载和业务符合的情况下，为具体使用者提供个性化的内容、功能和界面，以满足用户的个性化业务需求。

（四）可用性

操作便捷、内容丰富是保证本项目应用可推广的基础。因此，准确而详细地理解各用户群特征、任务和使用环境，在“有效性”（完成特定任务和达到特定目标时所具有的正确性和完整程度）、“效率”（完成任务的正确性和完整度与所用时间之间的比率）以及“满意度”（在使用产品过程中具有的主观满意和接受程度）等方面满足各类用户对系统的要求。

（五）系统安全性

本系统应具备相当的可靠性，以便向各类用户提供7×24小时不间断服务。

第三章 建设方案

一、建设目标

（一）总体目标

在健康中国战略框架下，深入贯彻落实习近平总书记关于推动数字经济和实体经济融合发展的重要指示精神，加快构建优质乳产业链数字治理体系，促进国家奶业科技创新联盟协同发展，全面提升生鲜乳产销数据分析与信息服务能力，立足国家奶业科技创新联盟企业、农业农村部牛奶首席分析团队、社会公众的数据服务需求而建设的优质乳全产业链数据分析服务平台，支持优质乳全产业链数据汇集、处理、分析，实现数据的深度应用。

（二）具体目标

系统简洁实用——规避建设大而全的系统，避免采集数据主次不分，聚焦优质乳产业链核心指标，多形式进行指标收集。

信息灵活采集——系统可以根据采集指标的来源不同，提供数据填报、系统对接、页面采集等方式采集数据，最大限度地满足数据采集的需求。通过调研问卷小程序方式快速定义需要采集的信息内容，方便数据收集和跟踪。

全面数据分析——针对收集到的产销信息，进行综合的图表展现、地图展示，重点帮助联盟企业提供奶牛养殖、加工、贸易、消费等多个环节的数据统计、数据检索、数据分析等服务。

二、建设原则

在系统的整体设计中，要根据项目的自身特点并结合本领域发展趋势，以实用、易用为基本原则，使得开发的应用通过一个较短的培育期即可为目标用户提供服务，同时系统架构要设计成为一个能不断兼容各种应用、不断扩展功能的体系，为今后系统功能的不断完善打下坚实的基础。

项目建设严格遵循以下几点原则。

（一）先进性原则

项目建设中要充分考虑技术的迅猛发展，在系统设计思想、系统架构、技术选型上均要具有一定的先进性、前瞻性、扩充性。在开发中密切关注相关领域的技术创新，以确保系统的技术路线在同类产品中处于先进水平。

（二）可靠性原则

由于涉及的建设内容涵盖面广、服务对象多，所以系统选用的应用技术应成熟可靠，以保证系统长期安全、稳定地运行。系统的应用软件还应具有容错、稳健等特性。

（三）安全性原则

系统应用必须具备严格的安全保护和保密措施，并具有极强的应对计算机犯罪和病毒的防范能力。

（四）开放性原则

在系统构架、采用技术方面都必须有较好的开放性。能与其他相关产品进行组合，支持通用的标准接口，以确保系统不断拓展的需求。

（五）易用性和可维护性原则

根据不同用户提供简洁、友好的用户界面，为不同类型的用户提供不同的用户应用或操作界面。

系统设计应标准化、规范化、模块化，按照分层设计思想，实现系统的集中管理。既要满足系统结构分层，业务与实现分离，逻辑与数据分离，还要以接口为核心，使用开放标准。

（六）扩展性和可移植性原则

系统建设需要不断满足企业、政府、消费者需求，所以系统设计要尽可能模块化、组件化，既要考虑框架的整体性，又要兼顾到与新功能的无缝衔接，为系统今后的功能扩展和整体集成，以及未来的升级换代留有余地；同时，还要充分考虑未来发展和系统移植的需要，并提供配置模块和客户化工具，以确保系统具有良好的扩展性和针对不同需求的适应性。

（七）标准化原则

在系统建设的各个阶段，必须严格遵循国际、国内的相关标准与规范。

三、关键技术及技术路线

（一）关键技术

1. 大数据信息处理分析技术

基于大数据技术对应用数据处理、模型工程、关联分析等方法，通过基础信息与即时信息、显性信息与隐性信息的揭示，对优质乳全产业链条中的研究主体和对象作出评价、判断、推论、预测和预警。

运用当前国际先进的智能化、系统化数据分析技术，构建具有中国特色应用的优质乳分析与预警智能分析系统，以实现对优质乳生产、经营、决策、市场行情、供求形势、突发事件等相关数据的处理分析。

2. 数学建模技术

运用人工智能、数学建模等先进技术，构建分析功能，实现优质乳信息处理和分析的系统化、集成化和智能化，提高分析效率和准确性。

3. 农业智能信息服务技术

运用农业智能信息服务技术，将海量数据自动获取、自动处理分析形成准确、及时的市场深度分析报告。

4. web service技术

系统接口采用web service技术，预留丰富的接口，确保系统架构先进、系统稳健，数据交互方便。

（二）技术路线

1. 采用J2EE软件体系结构，保证系统的跨平台适应性和高可扩展性，Java具有以下几种特性，保证了跨平台的可移植性和可扩展性

为充分保证系统在安全性、跨平台性、易扩展性、易维护性等方面的要求，采用先进的基于Java平台的三层体系结构（3-tier architecture）。在这种结构下，用户界面通过通用浏览器实现，一部分事务逻辑在前端实现，但是主要事务逻辑在服务器端实现，形成所谓三层体系结构。用通用浏览器就实现了原来需要复杂专用软件才能实现的强大功能，并节约了开发成本，是一种全新的软件系统构造技术，这种结构已成为当今应用软件的首选体系结构。

系统通过架构于先进的B/S三层体系结构之上，采用JSP、Servlet、EJB、XML等编程技术和面向对象程序设计技术，将复杂的业务处理逻辑、流程控制逻辑和数据存取逻辑通过Enterprise JavaBeans组件来实现，并运行在应用服务器之上，实现业务逻辑的快速部署和灵活调整。系统通

过部署在应用服务器层的专用组件实现对数据库的存取访问，以充分保证数据库系统的访问安全可靠。

（1）解释器通用性

运行Java程序需要解释器。Java解释器直接对Java字节码进行解释执行。字节代码独立于机器，它本身携带了许多编译信息，使得连接过程更加简单，因此可以在任何有Java解释器的机器上运行。

（2）可移植性

Java与体系结构无关。这一特征使Java程序可以方便地移植到网络的不同机器上。同时，Java的类库中也实现了针对不同平台的接口，使这些类库可以移植，保证系统不依赖于硬件平台和操作系统平台。

（3）独立性

Java是可解释的，这一特征使Java独立于平台。使用Java虚拟机（JVM），可以编写运行在任何平台上的程序。原因是Java解释器生成与体系结构无关的字节码指令，这些字节码指令仅用于Java虚拟机，Java解释器得到字节码后，对它进行转换，使之能够在不同的平台上运行。

（4）动态性

Java语言的设计使它适合应用于不断变化的动态环境。Applet作为一种特殊的Java程序，能嵌入html文件中，实现用户的交互操作和网页的动态变化，而不是像动画或者声音文件那样反复地播放。另外，在类库中可以自由加入新的方法和实例变量，而不会影响用户程序的执行。并且Java通过接口来支持多重继承，使之比严格的类继承具有更灵活的方式和扩展性。

2. 采用MVC设计模式，保证展现和业务逻辑的分离

系统采用MVC的设计模式，它可以强制性地使应用程序的输入、处理和输出分开。使用MVC架构的应用程序被分成三个核心部件：视图、模型、控制器。它们各自处理自己的任务。

（1）视图（View）

代表用户交互界面，对于web应用来说，可以概括为HTML界面，但有可能为XHTML、XML和Applet。由于应用的复杂性和规模性，界面的处理也变得具有挑战性。

（2）模型（Model）

就是业务流程/状态的处理以及业务规则的制定。它从应用技术实现的角度对模型作了进一步的划分，以便充分利用现有的组件。

（3）控制器（Controller）

可以理解为接收用户请求，将模型与视图匹配在一起，共同完成用户的请求。

3. 面向对象设计（OOD）与开发

根据不同的应用类型，采用面向对象或面向过程的系统分析与设计方法。

传统的软件工程以软件的工程化为目标，强调方法论、工具与环境、质量保证体系、项目管理、配置管理，但基本理念是基于具体需求、从零开始的开发。这种开发模式显然已经不适合于现代软件系统开发的要求。而面向对象设计（OOD）以软件的组装式生产为目标，强调各种粒度的软件重用、接口与表示实现分离、统一对象模型，继承和发展了传统软件工程。面向对象技术将计算看成一个系统的演变过程，系统由对象组成，通过一系列的状态变化来完成计算。对象具有保持能力和自主计算能力。面向对象设计和实现的重点是多个对象的网状组织结构和协同计算，而不是过程调用的层次结构，这样就在本质上适应了并发、分布系统及互联网的计算特征。

四、总体架构

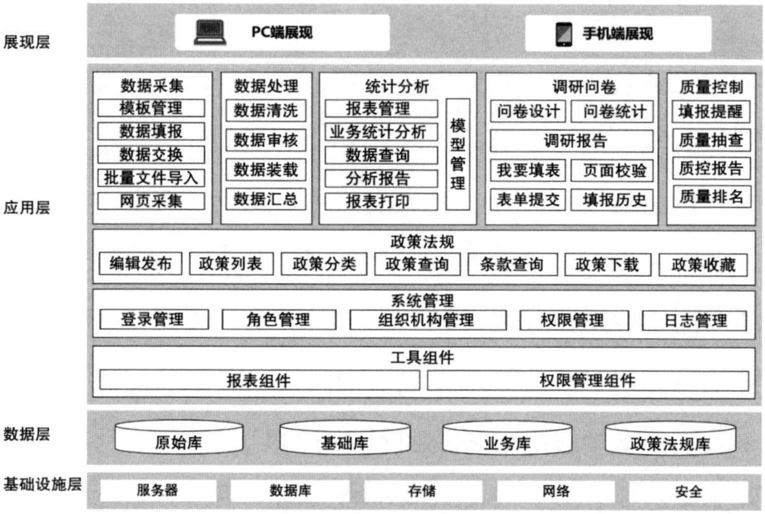

图3-1　总体架构

如图3-1所示，优质乳全产业链数据分析服务平台项目总体架构分为展现层、应用层、数据层、基础设施层。

展现层为用户提供PC端和手机端展现界面，对平台数据及服务进行访问，平台为用户提供全面、综合、便捷的展现功能，辅助科学决策。

应用层共包括八大方面的功能模块，覆盖数据采集、数据处理、统计分析、调研问卷、质量控制、政策法规、系统管理及工具组件，支持数据采、管、用。

数据层建设四大数据库，分别是原始库、基础库、业务库、政策法规库。

其中，原始库主要存储采取多种数据采集方式采集的原始数据。

基础库主要存储数据，包括组织机构信息、行政区划信息、角色权限信息、元数据及主数据信息、系统配置信息等。

业务库主要存储业务处理过程中的信息，如采集业务、加工处理业务、调研问卷业务、统计分析业务等过程中的信息。业务库可细化为若干子库或子表。

政策法规库主要存储政策、标准等支撑业务运行的知识信息。

基础设施层为系统运行提供底层的支撑环境，本项目不包括这部分建设内容。

五、功能设计

（一）功能架构

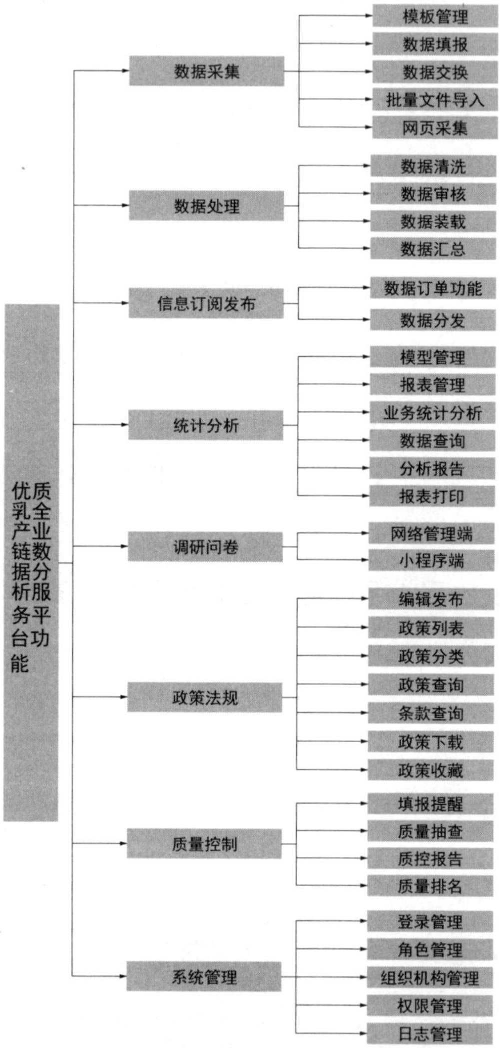

图3-2　功能架构

（二）数据采集

1. 模板管理

（1）模板上传

系统提供模板上传功能，用户可在线下设计好需要采集数据的模板，并通过模板上传功能，将模板导入系统。

（2）模板列表

系统提供模板列表功能，模板列表显示模板的名称、类型。

系统支持模板检索，如调研问卷模板、爬虫模板、企业信息填报模板等。

系统支持显示模板标签，用户可以通过点击标签快速检索所需模板。

（3）模板编辑

系统支持用户在线编辑并保存模板功能。

（4）模板版本管理

版本管理：用户在设计、修改报表模板时需要控制模板的版本，进行版本的回退，控制模板的上线迭代。

历史版本：支持对任意模板文件保存多个历史版本，每个版本均支持填写备注说明。在设计时，还支持记录此历史版本的所属用户。

版本还原：支持对任意历史版本的还原。当模板文件出现意外损坏或者其他非必要修改时，可以通过还原功能还原到指定的历史版本。

（5）模板下载

用户在填报数据时，可以将模板下载到本地，打开下载后的模板，按照模板表格填入数据。

（6）模板分类管理

系统支持模板分类管理（如数据填报模板、爬虫模板、调研问卷模板、统计报表模板），包括模板新增、编辑、删除、排序等功能。

在编辑的界面里，可以修改分类的名称、英文名称、排序数值。

2. 数据填报

（1）数据在线填报

用户登录在线填报界面后，选择要填报的数据类型，可以按照定义好的各类填报数据格式在线进行数据信息的填写、编辑。

（2）数据自动校验

对于在线填报的数据可以根据定义和设置的采集数据校验规则进行自动校验，对于不符合数据填报格式和标准要求的数据进行提示，提醒用户进行编辑修改，校验不通过不能提交上报。

（3）填报内容保存

在线填报数据信息时可以将其“保存”为草稿暂存；对于保存为“草稿”的数据信息，可以删除，也可以继续编辑和提交上报。

（4）报送流程选择

提交在线填报的数据时，可以选择数据上报的流程和路线，系统则会根据“报表流程配置”功能中定制好的数据采集报送审核流程设置，将在线填报的数据发送给相应业务处理人员，当这些业务人员登录系统后，会在其个人待办事务中有相关的数据采集信息提示。

（5）报送状态查看

可以按数据报送时间、数据填报单位、数据采集单位、数据类型等条件对报送的数据进行检索。

数据填报单位的人员可查询本单位报送的数据，可以查看数据报送进度，如“草稿状态”“已上报”“已送达”“审核通过”“审核不通过”等。如需查看本级及下级其他部门的数据报送情况则需由系统管理员进行授权。

（6）表单导入导出

用户可以通过下载的表单模板填写要填报的表单，填写完毕后可以通过导入功能，导入系统。

用户也可以将填报好的表单导出。

3. 数据交换

经过多年的信息化建设，各级农业部门、商务部门、工商部门以及协会、大中型牛奶企业等都建立起了自己的应用系统，这些应用系统中存放着多年的产销数据，本平台需要研究构建与上述部门或单位建立数据共享交换的通道。

4. 批量文件导入

系统支持批量文件导入，导入后提示用户导入总数，导入失败总数。

支持用户选择打开未导入成功文件，在线编辑后，再次导入。

5. 网页采集

（1）采集来源配置

采集来源配置是定义数据来源，提供了对数据来源增加删除修改查询的功能，包括数据来源、URL地址、抽取内容、采集频率等内容。

（2）页面字段定位抽取

系统除支持主流的页面元素抽取语法，如CSS选择器和基于路径定位的XPath外，还需要提供一种基于页面信息标记的方式实现对页面元素的定位抽取，其用于对大多数页面结构相对清晰、简单的网页的数据抽取。

（3）动态页面采集

系统支持对采用了动态网页技术的页面信息进行爬取，只需要输入域名、选择所需要抓取的数据。全程可视化操作。

（4）爬虫调度

由于网站的更新频率不同，有些网站或板块更新周期短，有些网站的数据更新慢，并且网站更新时间具有不确定性，系统需提供灵活的爬虫调度能力，动态调整爬虫的运行，根据采集需要控制爬虫的执行周期。

（5）爬虫监控

网站的更新或升级可能导致爬虫采集失败，所以系统需要提供爬虫监控功能，并且系统需要有采集失败主动发送通知给相关人员的能力。爬虫监控包括过去24小时系统的总体采集速度和采集节点执行任务的采集日志，以及每个网站采集的统计信息，信息包括请求个数、采集开始时间、采集结束时间、丢弃数据的数目。

（三）数据处理

1. 数据清洗

数据清洗是指根据清洗知识库对数据进行过滤、去重、格转、校验等操作，将其转化为满足标准及质量要求的数据。由于数据来源较为庞杂，海量的原始数据存在许多不完整、不一致、缺失、重复、异常的数据，直接进入各库会大幅降低数据质量，还会影响基于这些数据进行的各类分析的执行效率，甚至可能导致分析结果的偏差，所以进行数据清洗显得尤为重要。数据清洗是实现数据标准化的主要环节。数据清洗的意义在于统一数据的标准口径、格式，提升数据质量，使其能够支持以统一形式使用。

在数据清洗的过程中，需要使用数据挖掘或预定义的清理规则或语义识别等技术将原始数据转化为期望的格式、满足数据质量要求的数据。

（1）清洗规则配置

数据清洗针对的对象主要有四个——缺失值、重复值、异常值和无用值，针对不同对象的不同形式，需要采取相应的方法进行处理，从而得到期望的数据。

通常数据清洗规则：

非空校核	要求字段为非空的情况下，对该字段数据进行校核。如果数据为空，需要进行相应处理。
重复校核	多个业务系统中同类数据经过清洗后，在统一保存时，为保证主键唯一性，需进行校核工作。
异常值校核	包括取值错误、格式错误、逻辑错误、数据不一致等，需根据具体情况进行校核及修正。
无用值校核	目前业务中不需要使用到的、无价值的数据字段，需要进行校核及去除。

具体规则：

缺失值清洗	确定缺失值范围，按照缺失比例和字段重要性，分别制定策略： 重要性高，缺失率低：通过计算进行填充或通过经验与业务知识估计。 重要性高，缺失率高：尝试从其他渠道取数补全或使用其他字段通过计算获取。 重要性低，缺失率低：不做处理或简单填充。 重要性低，缺失率高：去掉该字段。 具体规则： 以业务知识或经验推测填充缺失值。 从其他业务系统数据中取数补全。 以同一指标的计算结果（均值、中位数、众数等）填充缺失值。 以不同指标的计算结果填充缺失值。
重复值清洗	重复数据可以进行去重或者进行标记。
异常值清洗	取值错误清洗：范围错误可以通过添加约束的方式过滤掉指定字段数值超出范围的数据；位数错误清洗可以通过其他业务系统数据进行更改。 格式错误清洗：时间、日期、数值、全半角等显示格式不一致：在整合多来源数据时也有可能遇到，将其处理成一致的某种格式即可。 内容中有不该存在的字符清洗：某些内容可能只包括一部分字符，比如身份证号码是数字+字母，中国人姓名是汉字。最典型的就是头、尾、中间的空格，也可能出现姓名中存在数字符号、身份证号中出现汉字等问题。这种情况下，需要以半自动校验半人工方式来找出可能存在的问题，并去除不需要的字符。 内容与该字段应有内容不符清洗：某些字段内容应该是数值，而实际数据中字段的内容却是字符串。这种情况可以采用类型转换来处理。 内容与该字段应有内容不符清洗：某些字段内容应该是数值，而实际数据中字段的内容却是字符串。这种情况可以采用类型转换来处理。 逻辑错误清洗：去除/替换不合理值或修正矛盾内容。
无用值清洗	无用数据字段可以直接进行删除，但在进行该过程的时候，要注意备份原始数据。

（2）垃圾信息过滤

垃圾信息过滤，是指数据信息过滤主要采取样本分析和内容过滤等方式，从而对数据信息进行辨别和分离，主要包括冗余信息过滤、垃圾信息过滤等。冗余信息过滤主要是对数据内容进行分析过滤，如果数据内容为冗余信息，则将此数据过滤掉。垃圾信息过滤主要采取样本分析和内容过滤等方式，以垃圾邮件为例，对导入的垃圾邮件样本进行训练，获取一个可靠的模型，在模型上线后，对实时接入的邮件数据进行模式匹配，若相似度达到预设的阈值，则判定为垃圾邮件数据，在数据中标识为垃圾数据。接入数据预设字段的范围和空置率，若接入的数据不能满足需求，则判定为垃圾数据。针对不合格数据过滤，根据数据过滤配置规则，对必填项为空的无价值数据作数据过滤，减轻下游处理的承载负担。

（3）数据去重

数据去重，是指结合公安业务特点，在各类场景下设定相应的数据重复判别规则以及合并、清除策略，对数据进行重复性辨别，并对重复数据进行合并或清除处理。结构化数据中，相同属性列中值相同的记录会被认定为重复的数据记录，通过判断记录键属性值在指定时间窗口内是否相等来检测记录是否重复，被判定重复的记录会被合并为一条记录。数据去重需要根据不同需求定义不同的合并、清除规则。

（4）数据格转

数据格转，是指根据数据标准把非标数据转换成统一的标准格式进行输出。针对不同来源的同类数据按照统一规则进行转换。针对不同业务系统中的同类数据按照统一规则进行转换，如数据字典，地址门牌，单位部门，手机、电话格式，时间格式，年龄段等数据的标准格式转换。例如，身份证号码格转（统一18位），手机号码格转，固定电话号码格转，时间格式格转，IP地址格转，字符串灵活多样格转，字母大小写转换，全半角转换，度量衡单位格式转换，地址门牌格式转换，代码转换，等等。

（5）数据校验

数据校验，是指根据校验知识库对数据进行检验，符合标准的数据直接入库，不符合标准的数据可进入问题数据库以便进一步分析处理。校验主要包括数据的完整性校验、一致性校验等。常用的校验规则有：空值校验、取值范围校验、居民身份证号码/手机号码/车牌号码/IMEI/MAC/IP地址等校验、数值校验、长度校验、精度校验等。此外，还有更为复杂的多字段条件校验、业务规则校验等，以发现更深层次的数据问题。

2. 数据审核

入库数据审核模块提供了对待审核数据进行审核处理、已审核历史数据进行相关查询的功能。

（1）待审核任务

进入审核数据功能，系统显示待审核的任务，也可以选择查询条件进行查询。从任务列表中选择需要审核的任务。

（2）问题数据列表

系统显示数据入库过程中的问题数据，生成问题数据列表。

（3）问题数据导出

系统支持用户导出问题数据列表功能。

（4）数据审核

在业务审核员审核权限范围内，可以选择填报单位填报的数据进行审核，审核没有问题，即可通过，如果有问题，填写审核意见后，选择驳回。

（5）数据修订

填报单位用户，可以进入“数据修订”功能，选择被驳回的任务根据驳回意见进行修改。用户未修改完成时，可以进行暂存，以后可以继续进行修改；用户确认修改完成后，可以提交再次上报，进行后续的业务处理。对于提交的任务，将记录修改的历史。

3. 数据装载

支持自定义数据装载、批量数据装载以及实时数据装载。

为了获得良好数据装载效率，支持快速的批量数据导入/导出，程序提供数据优化算法在数据装载之前自动对数据进行相应的优化处理，如去除基础数据库索引或按照基础数据库索引对装载数据进行排序后再装载。

4. 数据汇总

依据汇总统计规则，自动将已经上报的数据进行汇总，生成汇总数据进行存储。

（四）信息订阅发布

信息订阅发布功能主要包括数据主题管理、发布者管理、订阅者管理等。

数据主题是某一类数据的定义，从技术上讲，所有发送到数据主题上的数据均可被数据传输组件转发给数据主题的订阅者。

发布者是向数据主题发送数据的应用，发布者并不关心发出的消息具体发送给了哪个应用。

订阅者在数据主题注册订阅身份后，即可收到发送到数据主题的所有数据，订阅者也并不关心发送消息的具体是哪个应用。

数据传输组件通过具有订阅发布节点的数据处理流程实现订阅发布功能，分别支持：

1. 数据订单

用户通过提交数据订单向系统提出订单请求，系统调用后台数据处理功能模块完成数据订单处理，将数据提供给用户使用。

2. 数据分发

订阅者建立与数据主题的订阅关系，订阅者可以收到数据主题上发布的所有数据。

（五）统计分析

1. 模型管理

统计分析模型管理实现基本的模型管理功能，支持添加模型、修改模型、删除模型、模型的数据库存储等功能。

2. 报表管理

（1）报表方案管理

报表方案管理主要实现报表方案查询、报表方案新增、报表方案修改、报表方案的启用、报表方案的停用及报表方案的删除功能。

页面显示报表方案列表，报表方案列表字段包括序号、方案名称、版本、所属业务单位、状态、调度频度、填报流程、操作。填报频度包括年报、半年报、季报、月报、半月报、旬报、周报、临时报表。

报表状态指报表方案的状态，查询默认条件为全部，状态包括草稿、启用、停用、删除。

用户可对报表方案列表进行查询、新增、修改、废弃、启用、停用等操作。

（2）报表模板管理

报表模板管理模块主要实现报表查询、报表添加、报表设计、报表修改、报表删除、报表查看、报表上传的功能。

查询：根据查询条件筛选符合条件的报表模板。

查询条件：报表模板名称、报表模板类型、所属业务单位、创建时间。

添加：设置报表模板信息，生成新的报表模板，并显示在报表模板列表上。

设计：模板编辑人员设计填报表或者汇总表。

修改：对选择的报表进行修改操作，修改完成后，保存报表信息。

删除：删除所选报表模板的所有信息。

查看：查看已经设计样式的报表。

上传：选择已设计好的汇总表样式文件保存，上传报表样式文件。

（3）报表流程配置

报表流程配置模块主要实现报表报送的节点以及每个节点详细信息的设置功能。

报表流程基本信息设置：名称、单位、描述、填报频度、调度时间、启动方式。

填报流程设置：用户可设置流程节点，设置报表报送的流程。

各流程节点详细信息：页面显示流程节点、各节点对应的权限设置、提醒设置、表单设置。

权限设置：包括权限角色设置、操作权限设置。权限角色包括填报角色、审核角色、审批角色、汇总角色；操作权限有两种：填报和修改。

提醒设置：可设置提醒的期限设置。提醒的类型可包括短信、邮件、站内消息、预警提示等方式。

表单设置：可设置填报表单的类型和名称，表单分为填报表、审核表、审批表、汇总表。

3. 业务统计分析

（1）调查问卷统计分析

①调研情况统计分析

系统支持用户对问卷调查人数、发放数量、反馈数量、问卷无效数量等调查情况的统计分析。

②调研数据统计分析

基本图表：问卷题目中的每个选项都可以直接以图表形式显示，呈现方式可以选择饼图、圆环图、柱形图和折线图。

交叉图表：查看交叉图表，可增加表头、行、筛选条件，进行数据分析。

③答卷详情

收集到数据后，进入“统计分析”，可以查看答卷详情。可将废弃样本通过“标为无效”功能对问卷进行标记（无效答卷将不参与统计分析）。

（2）数据采集统计分析

可根据数据来源、填报单位、数据量、填报周期等维度对数据采集工作成果进行统计分析。

（3）专题统计分析

①基础信息统计分析

生产经营主体统计分析

序号	指标名称	指标定义	采集来源	指标频度
1	主体名称	生产经营主体全称	生产经营企业	年
2	主体类型	农户、家庭农场、养殖场、乳企	生产经营企业	年
3	所在地点	具体到乡镇	生产经营企业	年
4	注册时间	从事该行业的时间	生产经营企业	年
5	联系人	—	生产经营企业	年
6	联系电话	—	生产经营企业	年
7	所获资质	与生产加工销售相关的各种证书、奖项、资质等	生产经营企业	年
8	图片	场地图片、作业环节图片等	生产经营企业	年

国家行政区划表

序号	指标名称	指标定义	采集来源	指标频度
1	行政区划代码	采用国家统一行政区划编码	自行采集	年
2	大区	东北、华北等七个大区	自行采集	年
3	省（区、市）	省级行政区划名称	自行采集	年
4	市	市级行政区划名称	自行采集	年
5	县	县级行政区划名称	自行采集	年

进出口贸易商品编码

序号	指标名称	指标定义	采集来源	指标频度
1	商品名称（英文）	乳制品相关商品的英文名称	自行采集	月
2	商品名称（中文）	乳制品相关商品的中文名称	自行采集	月
3	中国海关商品编码	中国海关8位编码	自行采集	月
4	联合国商品编码	联合国国际贸易6位编码	自行采集	月
5	商品描述	—	自行采集	月

全球各国中英文对应表

序号	指标名称	指标定义	采集来源	指标频度
1	国家名称（英文）	—	自行采集	年
2	国家名称（缩写）	—	自行采集	年
3	国家名称（中文）	—	自行采集	年

②养殖信息统计分析

奶牛养殖场生产数据

序号	指标名称	指标定义	采集来源	指标频度
1	养殖场名称	养殖场全称	奶牛养殖场	年
2	年份	数据采集汇总的年份	奶牛养殖场	年
3	饲养品种	奶牛品种，如荷斯坦、爱尔夏、娟姗、三河	奶牛养殖场	年

续表

序号	指标名称	指标定义	采集来源	指标频度
4	饲喂方式	如TMR、精粗分饲	奶牛养殖场	年
5	主要饲喂的粗饲料种类	如青贮玉米、苜蓿草、秸秆、燕麦草、羊草	奶牛养殖场	年
6	养殖规模	不同品种的养殖数量，单位：头	奶牛养殖场	年
7	泌乳牛数量	不同品种的泌乳牛数量，单位：头	奶牛养殖场	年
8	产奶量	单位：吨，年度产奶量总和	奶牛养殖场	年
9	奶牛单产	单位：吨/头（或日均产奶量公斤/天），可由产奶量和泌乳牛数量计算得出	奶牛养殖场	年
10	填报时间	数据上报的时间	奶牛养殖场	年
11	填报人	—	奶牛养殖场	年

养殖场成本收益

序号	指标名称	指标定义	采集来源	指标频度
1	养殖场名称	养殖场全称	奶牛养殖场	年
2	年份	数据采集汇总的年份	奶牛养殖场	年
3	交售类型	如乳奶站、规模场	奶牛养殖场	年
4	交售价格	单位：元/公斤	奶牛养殖场	年
5	年度总利润	单位：万元	奶牛养殖场	年
6	年度总成本	单位：万元	奶牛养殖场	年
7	饲料成本	年度饲料成本总和，单位：万元	奶牛养殖场	年

续表

序号	指标名称	指标定义	采集来源	指标频度
8	奶牛养殖直接成本	—	奶牛养殖场	年
9	奶牛养殖间接成本	包括保险、管理、财务及销售费用	奶牛养殖场	年
10	折旧费用	单位：万元	奶牛养殖场	年
11	其他费用	单位：万元，内容包括雇用劳动力、租金、利息等	奶牛养殖场	年
12	每公斤奶饲料成本	单位：元/公斤，可根据饲料总成本和产奶量计算得出	奶牛养殖场	年
13	奶牛利润	单位：元/头，按公式计算得出	奶牛养殖场	年
14	饲料成本占比	单位：%，由饲料成本/总成本计算得出	奶牛养殖场	年
15	奶牛养殖直接成本占比	单位：%，由奶牛养殖直接成本/总成本计算得出	奶牛养殖场	年
16	奶牛养殖间接成本占比	单位：%，由奶牛养殖间接成本/总成本计算得出	奶牛养殖场	年
17	折旧占比	单位：%，由折旧费用/总成本计算得出	奶牛养殖场	年
18	其他费用占比	单位：%，由其他费用/总成本计算得出	奶牛养殖场	年
19	生产1公斤生鲜乳成本	单位：元/公斤，由总成本/产奶量计算得出	奶牛养殖场	年
20	生产1公斤生鲜乳利润	单位：元/公斤，由总利润/产奶量计算得出	奶牛养殖场	年
21	填报时间	数据上报的时间	奶牛养殖场	年
22	填报人	—	奶牛养殖场	年

③加工环节信息统计分析

企业经营数据

序号	指标名称	指标定义	采集来源	指标频度
1	企业名称	牛奶生产加工企业全称	牛奶生产加工企业	年
2	年份	数据采集汇总的年份	牛奶生产加工企业	年
3	原料奶生产量	每年原料奶生产量总和，单位：吨/年	牛奶生产加工企业	年
4	原料奶加工量	每年原料奶加工量总和，单位：吨/年	牛奶生产加工企业	年
5	销售量	单位：吨	牛奶生产加工企业	年
6	销售额	单位：万元/年	牛奶生产加工企业	年
7	主要销区	产品主要销往的省份，可填省份名称、大区、全国	牛奶生产加工企业	年
8	填报时间	数据上报的时间	牛奶生产加工企业	年
9	填报人	—	牛奶生产加工企业	年

企业成本收益数据

序号	指标名称	指标定义	采集来源	指标频度
1	企业名称	牛奶生产加工企业全称	牛奶生产加工企业	年
2	年份	数据采集汇总的年份	牛奶生产加工企业	年
3	利润额	单位：万元	牛奶生产加工企业	年

续表

序号	指标名称	指标定义	采集来源	指标频度
4	原料奶采购费用	企业购买原料奶支出的年度平均费用，单位：元/公斤	牛奶生产加工企业	年
5	场地费用	单位：万元	牛奶生产加工企业	年
6	机器设备费用	单位：万元	牛奶生产加工企业	年
7	水电费用	单位：万元	牛奶生产加工企业	年
8	包装费用	单位：万元	牛奶生产加工企业	年
9	产品研发费用	企业用于产品研发的投入，单位：万元	牛奶生产加工企业	年
10	管理费用	单位：万元	牛奶生产加工企业	年
11	运输费用	单位：万元	牛奶生产加工企业	年
12	广告营销费用	单位：万元	牛奶生产加工企业	年
13	增值税	单位：万元	牛奶生产加工企业	年
14	其他费用名称	—	牛奶生产加工企业	年
15	其他费用金额	单位：万元	牛奶生产加工企业	年
16	填报时间	数据上报的时间	牛奶生产加工企业	年
17	填报人	—	牛奶生产加工企业	年

④贸易环节信息统计分析

进出口数据

序号	指标名称	指标定义	采集来源	指标频度
1	商品名称	海关标准名称	海关部门	月
2	商品编码	海关8位标准编码	海关部门	月
3	贸易类型	分为进口、出口	海关部门	月
4	贸易对象	国家名称	海关部门	月
5	当月数量	单位：吨	海关部门	月
6	当月金额	单位：万美元	海关部门	月
7	时间	年.月	海关部门	月

国际生产数据

序号	指标名称	指标定义	采集来源	指标频度
1	国家名称（中文）	—	商务部门	年
2	牛奶产量	单位：吨	商务部门	年
3	时间	年	商务部门	年

国际多边贸易数据

序号	指标名称	指标定义	采集来源	指标频度
1	商品名称（英文）	联合国国际贸易标准商品名称	生产经营企业	月
2	商品名称（中文）	联合国国际贸易商品名称中文翻译	生产经营企业	月
3	商品编码	联合国国际贸易商品6位标准编码	生产经营企业	月

续表

序号	指标名称	指标定义	采集来源	指标频度
4	报告国名称（英文）	上报数据的国家名称	生产经营企业	月
5	报告国名称（中文）	—	生产经营企业	月
6	贸易类型	分为进口、出口	生产经营企业	月
7	贸易对象国名称（英文）	—	生产经营企业	月
8	贸易对象国名称（中文）	—	生产经营企业	月
9	当月数量	单位：吨	生产经营企业	月
10	当月金额	单位：万美元	生产经营企业	月
11	时间	年.月	生产经营企业	月

⑤消费环节信息统计分析

超市价格

序号	指标名称	指标定义	采集来源	指标频度
1	所属地区	详细到县级	采价点	天
2	采价点名称	—	采价点	天
3	采价点地址	—	采价点	天
4	商品名称	—	采价点	天
5	规格等级	—	采价点	天

续表

序号	指标名称	指标定义	采集来源	指标频度
6	价格	—	采价点	天
7	价格单位	不同的商品价格单位可能不一样	采价点	天
8	时间	年.月.日	采价点	天

电商价格

序号	指标名称	指标定义	采集来源	指标频度
1	所属地区	详细到县级	电商	天
2	店铺名称	—	电商	天
3	店铺地址	—	电商	天
4	所属平台	如淘宝、京东、盒马鲜生等	电商	天
5	商品名称	—	电商	天
6	规格等级	包括包装方式、容量等	电商	天
7	订单量	—	电商	天
8	价格	—	电商	天
9	价格单位	不同的商品价格单位可能不一样	电商	天
10	时间	年.月.日	电商	天

⑥舆情及政策信息统计分析

舆情监测统计信息

指标名称	说明
文章标题	—
关键词	舆情监测所用关键词，如牛奶、生鲜乳、低温鲜奶等

续表

指标名称	说明
信息来源	文章最初发表的媒体，如新浪博客、人民网、小红书等
作者	—
发布时间	—
信息内容	—
点击量	—
转发量	—
转发去向	文章转发到哪些媒体
评论	—

政策法规统计分析

指标名称	说明
发文部门	政策文件的发布部门
颁发日期	按年、月、日统计颁发的日期进行统计
政策分类	按国家法规、地方法规、标准规范等维度进行统计

4. 分析报告

系统可以支持常用的图表生成（包括但不局限以下类型）：饼状图、柱状图、折线图、仪表盘、甘特图、雷达图、双轴柱线图。

用户在完成统计分析请求后，点击“图表生成”按钮。

系统根据预先设置好的图表类型，在后台启动图表生成引擎生成图表。

5. 数据查询

（1）指标查询

用户可以在数据查询模块中根据不同条件查询指标值。通过查询可以得到满足一定条件的分析结果。查询功能不会改变系统中的原始数据。具体可实现的功能如下：

提供简单清晰的操作界面，实现对后台数据库详细信息的查询。

查询内容设置提供组织机构、日期、国家地区、指标的选择。

指标及单位可按分组及树形结构进行选择。

可查询不同周期（年报、季报、月报）数据。

可按指标的不同维度进行查询。

可设置查询数据过滤条件。

可以设置查询指标的预警条件。

查询时可以设置运算公式获得计算分析指标数据。

可选择是否要生成图表（饼状图、直方图、折线图等）。

根据当前用户的权限，显示查询内容及模板。

（2）报表查询

报表查询是具有查询权限的人员设置报表查询条件，系统根据条件筛选出符合的报表功能，此功能可以查阅本单位所属任务下不同报告期中的报表数据、数据状态以及各报告期内报表的填报情况。查询后，可以对查询结果进行报表的导出和打印操作。查询报表时需要注意选择好报告期和报表标签。

（3）综合查询

综合查询提供了方便灵活的数据查询功能。在综合查询中，用户可以为自己经常需要访问的数据定义查询模板，以后用户只需单击查询模板的名称即可得到需要的数据，用户可以浏览、增加和删除查询模板和查询模板组。动态查询提供定制能力，可以在进行查询时，定义运算指标、定义数值预警范围、定义相应的图表类型等。

综合查询功能操作，用户可以自由选择并设置有权限的指标、单位、时期等条件来获得自己期望的表样。选择了时期、指标、单位后，便可通过查询按钮完成一次简单的查询操作。

6. 报表导出、打印

支持用户对往期报表的导出和打印功能。

（六）调研问卷

系统支持调研问卷的管理功能，网络管理端主要是对问卷的设计、发放、页面校验、数量统计、调研报告生成等内容的管理；小程序端主要是通过微信向调研对象提供问卷填写的入口，包括填表、提交等内容。

1. 网络管理端

（1）问卷设计

系统支持问卷设计功能，负责调研问卷业务的人员登录系统后，根据需采集的内容制定调研问卷的问题、问题回答方式、问卷发放数量、问卷保留时间、问卷填写入口等。

（2）发送问卷

问卷设计完成后，可选择以问卷链接或是二维码的方式发送给被调研人员，系统提供二维码下载、链接复制等功能。

（3）页面校验

系统提供页面校验功能，对问卷填写后的页面整体进行校验，若被调研人员回答的内容与原设定的回答方向要求不符合，系统将不允许被调研人员提交问卷，需修改符合要求后方可提交。例如，原设定回答方向为阿拉伯数字，问卷填写为大写数字，页面校验将不予通过，问卷无法提交。

（4）问卷统计

针对调研问卷的发放数量、提交数量、无效问卷数量、问卷完成度等数据进行统计，最终以饼状图、折线图、条形图等图表的形式展现。

（5）调研报告

系统支持调研报告生成功能，系统对收集的调研问卷数据进行统计分析，与调研报告模板相结合，系统针对此次的调研生成调研报告，同时还支持调研报告的预览、下载、导出等功能。

2. 小程序端

（1）问卷填写

被调研人员通过扫描微信二维码进入小程序，微信授权登录后，出现问卷填写页面，被调研人员根据问题进行逐一填写，填写后选择页面最下方的“提交”。

（2）问卷提交

被调研人员按问卷填写要求完成表单填写后，确保无漏项、错填项方可提交问卷，问卷提交成功后页面将出现“您的答卷已提交，感谢您的参与”等内容。

（七）政策法规

1. 编辑发布

系统支持用户对政策法规内容在后台进行编辑、发布，系统支持对编辑的政策文件进行标签标识。

2. 政策列表

政策法规编辑上传后，在系统前台、后台显示政策列表，法规列表显示政策名称、发文机关、颁发日期、上传时间等信息。

用户可点击政策名称，查看政策详情。系统支持对详情附件进行预览或下载。

3. 政策分类

系统支持按国家政策、地方政策、国家标准、地方标准等类别进行政策分类。

4. 政策查询

用户可根据政策法规名称、发文地区、发文机关等进行多维度搜索。系统支持按发布日期进行排序。

5. 条款查询

支持全库搜索，列表展示包含关键字词的所有法规条文，快速定位，精准查询。

6. 政策下载

系统支持对政策文件进行单个、批量导出，支持政策法规打印。

7. 政策收藏

系统支持用户对重要、常用的政策进行收藏，支持把收藏的政策法规移除。

（八）质量控制

质量控制是为了全面提高优质乳全产业链数据分析服务平台的数据质量，确保数据采集的完整性、稳定性、持续性而构建的系统功能，在实现本项目对数据采集、处理、统计等情况进行质量控制的基础上，为后续对联盟企业、首席分析师及专家队伍、社会公众三类用户提供信息服务内容、质量的质控奠定基础。

1. 填报提醒

填报提醒是指企业在规定的时间内或超出时间后，未进行数据填报，此时系统将根据设置的时间对未填报的企业进行提醒。

（1）事前提醒

为能够督促各企业按规定的时间进行数据填报，系统提供事前提醒功能。管理员根据填报时间来设置事前提醒的时间，事前提醒时间可提前3天。在到达设置的事前提醒时间点时，系统自动对企业进行填报提醒。

（2）逾期提醒

若企业未能够按填报时间进行数据填报，且已经超过填报日期3天还未进行填报，系统将对该企业发布逾期提醒，提醒该企业尽快填报数据。

2. 质量抽查

系统提供质量抽查功能，质量抽查主要是对系统的数据进行随机检查，查看数据是否满足质量要求，系统支持按名称、按时间、按区域等条件搜索，并以列表的形式展示。

3. 质控报告

系统通过对联盟企业上传的数据情况进行质量分析，系统通过监测数据上报时间、退回时间、再上报时间、修改次数、提交次数等对数据上报情况进行质量控制，对数据上报的完成率、迟报率、未报率、修改次数等维度进行统计，最后形成质控报告，支持质控报告预览、下载等。

4. 质量排名

系统对企业填报的数据进行统计分析，根据填报数据的质量规则要求，对各企业填报的数据质量，以及填报的人员进行打分排名。

（1）数据质量评价排名

系统根据质量评价指标，对企业填报的数据进行评价，并根据打出的分数进行排名。

（2）填报人员评价排名

系统根据填报人员工作量的量化评价标准，对填报的数据质量进行评价，并根据打出的分数进行排名。

（九）系统管理

系统管理主要包括登录管理、角色管理、组织机构管理、权限管理、日志管理等功能。

1. 登录管理

系统建设完成后，用户可登录系统并进行使用，因此系统提供登录管理功能，主要有账号申请、用户授权、用户激活、忘记密码等功能。

（1）账号申请

用户登录系统后，首先要申请账号才可使用。系统提供账号申请功能，用户进入申请页面后，根据要求输入信息即可完成申请。

（2）用户授权

用户完成申请后，进行登录，在登录时需要进行授权，以确保系统使用的安全性。

（3）用户激活

用户在申请时需输入邮件信息，完成授权后，系统将以邮件的方式推送给用户进行激活，用户根据邮件的内容进行激活后才可使用系统的功能。

（4）忘记密码

用户登录时若忘记密码，可选择“忘记密码”，系统将跳转到账户验证页面，验证成功后，用户可在页面上更改密码，密码更改后将自动登录系统。

2. 角色管理

由于使用本系统的用户较多，为保障系统的数据安全、用户的统一管理，本系统提供用户管理和角色管理功能。

（1）用户管理

创建。系统管理可以根据用户的分类需要创建用户，创建后用户根据账号、密码登录系统对所负责的工作进行操作。

修改。对于已创建的用户，系统提供修改入口，管理员能够根据实际情况对已创建的用户的信息、密码等进行修改。

注销。系统提供注销功能，当出现人员岗位变动、离职或是其他情况时，管理员将用户进行注销，注销后，该账号则不可登录系统。

（2）角色管理

创建。为能够区分用户并能够分清职责权限，系统支持对角色划分，提供角色创建功能，如采集配置员角色、数据审核员角色、数据查看人员角色等。

修改。针对已创建的角色进行管理，系统管理员可针对角色的信息、职能、权限等内容进行修改。

删除。系统提供删除功能，当某个角色的人员出现人事调动时，系统管理员将对此角色的人员进行删除。

角色权限设置。系统管理员能够根据角色的不同分配使用系统权限。

3. 组织机构管理

（1）创建组织机构信息

系统提供组织机构创建功能，组织机构登录系统后，选择企业注册，根据要求填写准确的基本信息、初始密码等内容后，即可完成注册，注册后可直接登录系统。

（2）组织机构的修改

系统支持对组织机构的修改，包括但不限于基本信息、登录密码、其他信息等。

4. 权限管理

角色定位了拥有此角色的所有管理员权限，不同的角色可以按需分配不同的权限配置，为确保角色权限划分，系统提供用户授权、用户组授权、职级授权、为组织授权等功能。

（1）用户授权

系统支持对不同用户分配不同的权限，根据用户的权限不同，用户浏览、查询数据的内容不同，此功能能够很好地保障数据安全。

(2)用户组授权

根据用户的情况，系统支持对用户组授权，授权的范围仅包含用户组内的各成员。

(3)职级授权

系统支持职级授权功能。系统能够根据用户的职级进行授权，职级越高，授权的系统使用功能则越多，反之越少。

(4)为组织授权

系统支持为企业组织授权功能。注册系统的用户为组织身份的，系统将对其进行授权，用户以组织的身份登录系统后，被授权的功能将对其开放。

5. 日志管理

日志管理是记录用户使用系统的时间及使用期间出现的异常等信息，提供日志列表、日志浏览、日志统计等功能。

(1)日志列表

系统以列表的形式展现用户使用系统的时间及使用期间出现的异常等信息，便于管理员浏览查看。

(2)日志浏览

系统支持对每条日志的浏览，浏览的内容包括时间、内容等信息。

（3）日志统计

针对系统产生的日志信息进行统计，包括系统使用时间、次数、异常信息等内容，最终以图表的形式展示。

六、效益分析

（一）经济效益

1. 提升乳制品企业运营管理能力，降低生产成本，提升产品质量和效益

引导优质乳企业优化与奶源基地的布局，协调生产。鼓励企业兼并重组，提高产业集中度，培育具有国际影响力和竞争力的乳制品企业。依法淘汰技术、能耗、环保、质量、安全等不达标的产能，做强做优乳制品加工业。支持企业开展产品创新研发，优化加工工艺，完善质量安全管理体系，增强运营管理能力，降低生产成本，提升产品质量和效益。支持乳业全产业链建设，促进产业链各环节分工合作、有机衔接，有效控制风险。

2. 节约信息重复采集、存储、交换的行政成本

由于现有优质乳产业链信息数据缺乏采集、共享和交换机制，政府部门为满足自身业务管理的需要，每年都要安排大量的人力、财力和物力来采集相关的产业链信息。

一方面，乳企产业链信息被重复采集，产生了大量不必要的重复劳动，而且每次采集都需要消耗大量资源，如各类印刷品、各类交通工具、人力成本支出等，造成巨大的资源浪费；另一方面，由于乳业相关企业或政府部门都根据自身的工作需要来采集信息，而且相互之间信息缺乏交换，造成各部门掌握的信息既不一致也不准确，需要大量的人力和时间来进行核对，同时，多部门采集也会增加企业的数据报送工作量，本项目所涉及的优质乳产业链信息的采集、存储、共享、交换，可以做到“一口采集、多部门使用”“一次采集、反复使用”，可以大大节约政府、企业的数据采集成本。

（二）社会效益

1. 大力提升企业生产经营管理能力

平台建成后，可以为乳业生产经营主体提供生产管理和运营数据的支撑，企业生产经营决策的制定将有据可依，可以根据市场情况科学安排生产，拓宽销售渠道，调整产品结构，提升决策的科学性、准确性和针对性，帮助企业减少生产经营的盲目性，有效规避市场风险。

此外，可以有力驱动企业提升全产业链的数字化水平，持续构建“全周期、全流程、全渠道、全链条、全域运营”的优质乳数字化平台，促进优质乳产业的宏观决策与管理将更加科学和高效，进而为消费者提供更高品质的优质乳产品与服务。

2. 显著提高政府部门宏观决策能力

平台建成后，通过对优质乳全产业链数据的汇总、统计分析与宏观展示，能够为政府部门提供整个产业现状的分析报告，以便农业管理部门全面掌握产业现状及存在的问题，进而精准施策，使得政府宏观调控将更加精准，产业发展的主动性、竞争性和可持续性将明显增强。

3. 有效促进乳制品标准体系的完善

平台建成后，标准研究部门可以依托数据支撑，研究完善乳制品质量安全法规，健全生鲜乳生产、收购、运输和乳制品加工、销售等管理制度。修订提高生鲜乳、灭菌乳、巴氏杀菌乳等乳制品国家标准，建立生鲜乳质量分级体系，引导优质优价。制定液态奶加工工艺标准，规范加工行为。制定发布复原乳检测方法等食品安全国家标准，监督指导企业按标依规生产。

4. 有力推动优质乳产业进一步发展

平台建成后，有助于构建“优质乳业共生经济”生态圈，打造开放、共享的产业数据服务平台，形成产业链上下游共生、共享、共赢的互助合作关系，将精准数据运用到奶牛养殖、食品安全、温度控制、环境保护等与乳制品行业息息相关的领域，为全产业链品质安全的全程可追溯体系保驾护航，确保产业发展平稳协调，实现产业经济社会效益倍增。

5. 全面引导消费者进行健康消费

乳制品在中国人的膳食结构中必不可少。乳制品富含钙，是优质蛋白质和B族维生素的良好来源。根据《2021中国奶商指数报告》，2021年中国奶商指数为62.7分，目前仅有30.50%的公众每天乳制品摄入量达到《中国居民膳食指南》建议的每日摄入300克的标准；与此同时，仅有25.50%的公众坚持每天摄入乳制品，可见国人对乳制品知识的匮乏。平台建成后，通过公众号、网站等渠道宣传优质乳的知识，加大乳业公益宣传，扩大乳制品消费科普，倡导科学饮奶，引导健康消费。普及巴氏杀菌乳、灭菌乳、发酵乳、奶酪等乳制品营养知识，培育多样化、本土化的消费习惯。

第四章 费用估算

一、费用估算说明

应用软件费用参考中华人民共和国工业和信息化部发布的《软件研发成本度量规范》（SJ/T 11463-2013）和中国软件行业协会发布的《软件开发和服务项目价格构成及评估方法》并结合系统功能需求进行分解。工作量按人/月计算，其中人力资源成本按1.8万元/人/月估算，系统管理功能按平均1.5万元/人/月计算。

系统硬件设备和系统软件价格参考政府采购指导价或同类项目成交价。

二、投资估算表

项目总投资为736500元。

投资估算表

序号	模块	功能点	工作量核算（人/月）	单价（元/人/月）	总计（元）
1	数据采集	模板管理	1	18000	18000
		数据填报	3	18000	54000
		数据交换	2	18000	36000
		批量文件导入	1	18000	18000
		网页采集	2	18000	36000
小计					162000
2	数据处理	数据清洗	1	18000	18000
		数据审核	1	18000	18000
		数据装载	0.5	18000	9000
		数据汇总	1	18000	18000
小计					63000
3	统计分析	报表管理	2	18000	36000
		业务统计分析	6	18000	108000
		数据查询	2	18000	36000
		分析报告	3	18000	54000
		报表打印	1	18000	18000
小计					252000
4	调研问卷	问卷设计	1	18000	18000
		问卷统计	1	18000	18000
		调研报告	1	18000	18000
		我要填表	1	18000	18000
		页面校验	0.5	18000	9000
		表单提交	0.5	18000	9000
		填报历史	0.5	18000	9000
小计					99000

续表

序号	模块	功能点	工作量核算（人/月）	单价（元/人/月）	总计（元）
5	政策法规	编辑发布	0.5	18000	9000
		政策列表	0.5	18000	9000
		政策分类	0.5	18000	9000
		政策查询	0.5	18000	9000
		条款查询	0.5	18000	9000
		政策下载	0.5	18000	9000
		政策收藏	0.5	18000	9000
小计					63000
6	质量控制	填报提醒	0.5	18000	9000
		质量抽查	0.5	18000	9000
		质控报告	1	18000	18000
		质量排名	0.5	18000	9000
小计					45000
7	系统管理	登录管理	0.5	15000	7500
		角色管理	1	15000	15000
		组织机构管理	0.5	15000	7500
		权限管理	1	15000	15000
		日志管理	0.5	15000	7500
小计					52500
总计					736500

第五章 进度计划

一、实施周期

综合考虑实际业务需要、项目管理能力和项目风险控制等各种因素，本项目建设周期预计为6个月，运行维护周期为8个月。实际工期根据项目启动时间提前或顺延。

系统上线运行后进入运维期，免费运维8个月。

二、实施进度

优质乳全产业链数据分析服务平台建设内容的进度划分为需求分析、系统设计、系统研发、系统测试、系统初验及试运行、系统培训、系统终验与正式运行、运行维护等八个阶段，项目终验标志着实施工作完成。项目完成后，为用户提供为期8个月的免费运行维护服务。

具体进度计划如下图：

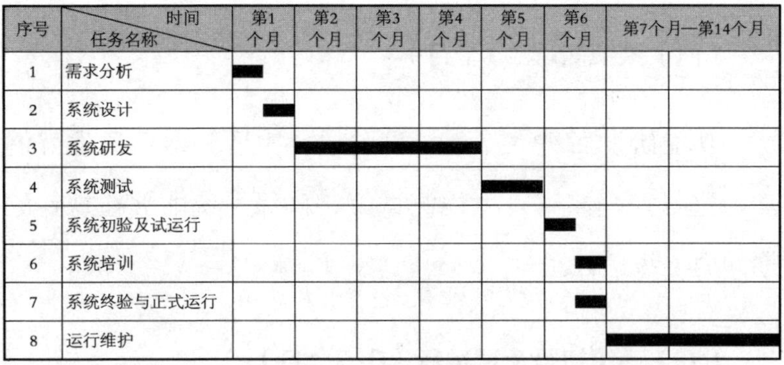

图5-1　进度计划

（一）需求分析（0.5个月）

本阶段主要是收集用户的需求，并根据用户提出的需求进行分析，形成需求报告，便于后续设计参考。

（二）系统设计（0.5个月）

本阶段是根据需求报告对系统功能进行设计，明确系统功能。

（三）系统研发（3个月）

本阶段是针对设计的功能进行研发，研发的功能包括数据采集、数据处理、信息订阅发布、统计分析、调研问卷、政策法规、质量控制、系统管理等。

（四）系统测试（1个月）

功能研发后进入系统测试阶段，主要是对已研发好的功能进行安全测试、上线测试等，确保系统能够在规定的期间内上线运行。

（五）系统初验及试运行（0.5个月）

本阶段主要是对研发的系统进行初验，并根据测试调整后，进行系统上线试运行。

（六）系统培训（0.5个月）

系统初验及试运行后，对系统的管理员、用户进行培训，使得本系统的使用人员能够在后续的工作中熟练使用系统。

（七）系统终验与正式运行（0.5个月）

本阶段完成项目验收工作，系统正式运行，能够为用户使用。

（八）运行维护（项目完成后8个月）

验收后进入系统运行维护期，本阶段完成对系统的日常运行维护、故障处理等内容，运维期为8个月。

下　篇

PART TWO

优质乳产销信息管理评价办法

第一章

原则、目标和思路

牛奶是人类不可或缺的全营养食品，乳业是健康中国、强壮民族的重要产业，中国乳业的发展历来受到国家高度重视。近年来，国务院办公厅、农业农村部等国家和部委层面均围绕乳业做强做优先后出台一系列指导意见和行动方案，包括2018年国务院办公厅印发《关于推进乳业振兴保障乳品质量安全的意见》、2019年农业农村部制订《乳业品牌提升实施方案》、2020年印发《国务院办公厅关于促进畜牧业高质量发展的意见》，都明确了奶类在百姓“菜篮子”中的重要地位。为了让中国消费者也能喝上好牛奶，2013年，中国农业科学院专家向国家建议实施“国家优质乳工程”，该工程示范的优质奶与目前市场上所谓的“高端奶”有本质区别，其市场平均价格低于同类产品价格的20%～30%，不是专供高档消费的特殊奶产品，而是以科学、客观标准评价出来的消费者身边的优质奶。2016年，国家奶业科技创新联盟大力实施优质乳工程，该工程首次明确提出“优质奶产自本土奶”的科学理念，经过多年发展，已经有25个省（区、市）60余家企业进行优质乳生产示范，引领推动行业高质量发展。

目前，我国乳业正步入高质量发展阶段，乳制品消费不断升级，但是产业上下游产销信息监测不规范、信息底数不清、监测不及时、发布不规范等，难以摸清生产和消费的真实情况，不利于乳业的长期均衡发展，有必要对优质乳产销信息管理评价与发布服务技术开展研究。优质乳产销信息不仅涉及养殖业和饲料业，也包括加工、储运、流通和消费等多环节，制定优质乳产销信息管理评价方法并对信息进行合理发布，能够通过准确收集市场信息，对市场发展形势作出科学研判，正确引导行业发展趋势，稳定生产者信心，保障消费者福祉，还能够采用监测预警技术，提前预判我国民生产品即将面临的市场风险，做到提前规避，确保整个市场平稳运行，保障人民群众对美好生活的向往。

一、基本原则

优质乳产销信息资源是能够对各种信息数据进行存储、更新、维护、查询、分析等操作的一个集合，是智慧牧业、乳业发展的重要组成部分，优质乳产销信息资源建设应坚持以下基本原则。

（一）实用性原则

优质乳产销信息资源建设要充分考虑用户使用的实际情况，采集的数据要能为乳企和养殖户提供生产和管理决策服务，充分满足乳业生产、管理、流通、市场、消费等方面的需要。

（二）先进性原则

优质乳产销信息资源建设要充分吸收国内外相关项目建设经验，研究和分析相关技术及其发展趋势，突出该项建设的科学性和前瞻性，采用先进的技术和手段，统一规范的数据建设思路，合理规划数据结构及应用系统功能，实现多源空间数据的集成化管理。

（三）开放性原则

优质乳产销信息资源建设必须严格按照国家和行业的相关标准和规范，有效整合现有数据资源，结合实际应用需求，在数据和信息安全条件下尽可能满足企业生产、政府管理以及科研等需要。

（四）可扩展性原则

优质乳产销信息资源建设要充分考虑信息资源管理、维护和升级，并建立数据更新的高效管理和运行机制。

（五）安全性原则

优质乳产销信息资源建设要充分考虑数据安全性，确保企业隐私数据不外泄、统计数据要妥善保管，建立起严格高效的安全防控体系，保证数据安全。

二、目标及思路

（一）目标

开展优质乳产销信息管理评价方法研究，确定产销信息采集内容和流程，建立优质乳产销信息管理方法，充分发挥数据价值，为国家奶业科技创新联盟企业和社会公众提供数据服务，为政府管理人员提供决策支持。

（二）思路

为提升乳制品质量、促进乳业振兴，党中央、国务院及行业部门积极采取有力措施加强乳制品质量监管，先后出台了《乳品质量安全监督管理条例》《关于推进乳业振兴保障乳品质量安全的意见》《“十四五”乳业竞争力提升行动方案》等法规文件。农业农村部积极探索机制创新，成立国家奶业科技创新联盟，大力实施优质乳工程，首次明确提出“优质奶产自本土奶”的科学理念，明确了国产奶与进口奶的战略定位。过去10年乳业发展经验说明，必须把优质化作为中国乳业发展的战略方向，只有优质化，才能稳定并提升消费者对国产乳制品的信心，才能为成本较高的乳业赢得市场空间，才能满足居民不断升级的消费需求。

因此，本次研究将重点放在了“优质乳”上，关注优质乳生产、加工、贮运、进出口贸易、电子商务、网络舆情等各个环节的数据，并针对不同类型的信息，提出适宜的采集方法和质量控制、评价办法。

第二章 信息标准与规范

信息标准化是信息采集、共享和分析的根本保证，确保信息高效、准确地传输和应用，使优质乳产销信息得到高效应用，发挥其潜在价值。

优质乳产销信息管理遵循和参考以下标准规范：

GB/T 2260—2007《中华人民共和国行政区代码》。

GB/T 18521—2001《地名分类与类别代码编制规则》。

GB 19645—2010《巴氏杀菌乳》，详见附件一。

GB 25190—2010《灭菌乳》，详见附件二。

GB 19302—2010《发酵乳》，详见附件三。

GB/T 6914—1986《生鲜牛乳收购标准》，详见附件四。

参考我国食品生产许可证管理方法，制定乳制品分类规则如下：

大类	小类
液态奶	巴氏杀菌乳
	灭菌乳
	发酵乳
乳粉	全脂乳粉
	脱脂乳粉
	全脂加糖乳粉
	调制乳粉
其他乳制品	炼乳
	奶油
	干酪

第三章 信息来源与采集办法

优质乳产销信息散落在各个环节和各个生产经营消费主体手中，为了尽可能地减少信息采集成本、充分利用已有采集渠道，要采用手工填报、人工及机器采集和信息购置、信息共享等四种方式来实现信息的采集。

一、手工填报

借助国家奶业科技创新联盟、中国乳业协会、科研院所等组织力量，在全国主要牧区，选择有代表性的奶牛养殖场和牛奶生产企业，建立信息监测点，由奶牛养殖场和牛奶生产企业定期上报生产、销售、成本、收益等数据，主要采集方式为手工填报，填报人使用定制开发的微信小程序或者App，在手机端进行填报。该类数据更新频率为年。

手工填报数据是目前优质乳产销信息重要组成部分，

随着该项工作的开展，将逐渐发展为企业数据的自动提取与上传。

二、人工及机器采集

人工及机器采集指的是根据一定的目的，手动操作或者编制数据爬取程序，将系统内外各种形态的信息汇集起来，供自身系统或其他系统使用的过程。

优质乳产销信息监测与分析工作，需要充分收集国家机构发布的与牛奶生产流通相关的统计、监测数据，如国家统计局的生产数据以及中国海关总署发布的进出口数据。这类数据主要采用人工查询下载、导入数据库的方式来获取。

国家统计局发布的生产数据采集范围为：全国及各省十年来牛奶生产数据，数据更新频率为年；海关总署发布的数据范围主要是牛奶产品进出口分国别数据，包括数量和金额；该类数据更新频率为月。

近些年来，互联网已经成为大家进行信息传播与获取的重要途径，网络便利的同时，一些网络热点事件也不断地涌现，引起网民的舆论，对产业发展、商品销售都带来了影响，对于舆情信息的监控已成为政府与企业的重点关注内容之一。优质乳相关的舆情信息监测采用机器采集的方式，收集范围主要是：主流媒体网站、博客、微博、微信公众号、论坛等，该类数据更新频率为天。

信息来源	采集范围	更新频率
国家统计局	全国及各省十年来牛奶生产数据	年
海关总署	海关编码为040221、19011010、0405、0401、040210、0404、040229、0403、040299、040291、04011000、04012000、04014000、04015000、04021000	月
舆情信息	中国乳业协会、中国乳制品工业协会等主流媒体网站、博客、微博、微信公众号、论坛等	天

三、信息购置

消费环节的某些类别的数据，存在着采集成本高昂、难度大等问题，并有可能涉及隐私，如生鲜乳价格、超市零售价格、电商零售价格、国际多边贸易数据等。因为进行分析工作时，更多关注宏观，而不需要微观数据，故可采取信息购置的方式，购买加工后的宏观数据。

生鲜乳价格数据的范围是全国各省生鲜乳平均销售价格，更新频率为旬；超市价格为全国各大中城市的牛奶平均超市价格，更新频率为旬；电商价格数据的范围是主流电商平台的牛奶产品价格，主流电商平台包括：淘宝、天猫、京东、盒马鲜生、叮咚买菜等，该类数据更新频率为天。

四、信息共享

经过多年的信息化建设，各级农业部门、商务部门、工商部门以及协会、大中型牛奶企业等都建立起了自己的应用系统，这些应用系统中存放着多年的产销数据，可探索信息共享模式，将这些信息充分应用起来，实现信息整合、挖掘、分析，发挥数据价值。

第四章 信息采集内容

一、基础数据

（一）生产经营主体基本信息

生产经营主体基本信息是监测优质乳产销变化情况、进行分析预测的重要组成部分，它的完整性直接影响到分析工作的开展，因而这部分的信息越丰富越好，但又要考虑到生产经营主体填报时的工作量不能太大，以及涉及经营隐私信息时不能进行采集等多方面因素，结合工作组以往实地调研时的工作经验，提出以下基本信息采集指标，随着信息采集、数据分析、预测预警等工作的开展，这些指标可根据需要进行调整。

在采集初期，为了提高生产经营主体的积极性和配合度，以下这些指标中可设置为“必填项”和“非必填项”，地点信息可调取手机GPS信息或者从下拉框中选择，时间信息可调取手机日历。

指标名称	说明
主体名称	生产经营主体全称
主体类型	农户、家庭农场、养殖场、乳企
所在地点	具体到乡镇
注册时间	从事该行业的时间
联系人	—
联系电话	—
所获资质	与生产加工销售相关的各种证书、奖项、资质等
图片	场地图片、作业环节图片等

（二）国家行政区划表

行划区划数据是进行统计分析的重要基础，为了便于监测，在国家发布的《中华人民共和国行政区划代码》（GB/T2260—2007）基础上，增加大区这项指标，即东北、华北、西北、华中、华南、西南、东南。如国家标准更新，则该数据应及时做出相应的调整。

为了保证数据一致性，无论数据是采用哪种方式获取的，都应转换成统一的地区属性，以保证分析结果的准确性。

指标名称	说明
行政区划码	采用国家统一行政区划编码
大区	东北、华北等七个大区
省（区、市）	省级行政区划名称

续表

指标名称	说明
市	市级行政区划名称
县	县级行政区划名称

（三）进出口贸易商品编码表

2001年，中国加入世界贸易组织（WTO），刚刚加入WTO时，中国上游奶牛养殖业还是以手工劳动为主，下游的乳制品行业也刚起步。加入WTO二十余年来，虽然带来了一系列挑战，但中国乳业集中度不断提升，原奶质量走在了世界前列，乳制品企业从小到大，从大到强，并在开放竞争中逐步“走出去”，积极参与到国际竞争中。

因此，国际贸易是中国乳业发展中的重要一环，在采集相关数据时，不仅要关注中国海关发布的乳制品相关进出口数据，也要关注其他国家的乳制品进出口数据，这部分数据可通过联合国发布的数据获得。

指标名称	说明
商品名称（英文）	乳制品相关商品的英文名称
商品名称（中文）	乳制品相关商品的中文名称
中国海关商品编码	中国海关8位编码
联合国商品编码	联合国国际贸易6位编码
商品描述	—

（四）全球各国中英文对应表

为了整合中国海关发布的进出口数据和联合国发布的国际多边贸易数据，须将国家名称进行标准化并进行中英文对应。

指标名称	说明
国家名称（英文）	—
国家名称（缩写）	—
国家名称（中文）	—

二、奶牛养殖场数据

（一）奶牛养殖场生产数据

指标名称	说明
养殖场名称	养殖场全称
时间	数据采集的时间
饲养品种	奶牛品种，如荷斯坦、爱尔夏、娟姗、三河等
饲喂方式	如TMR、精粗分饲等
主要饲喂的粗饲料种类	如青贮玉米、苜蓿草、秸秆、燕麦草、羊草等
养殖规模	不同品种的养殖数量，单位：头
泌乳牛数量	不同品种的泌乳牛数量，单位：头
产奶量	单位：吨，年度产奶量总和
奶牛单产	单位：吨/头，可由产奶量和泌乳牛数量计算得出

续表

指标名称	说明
填报时间	数据上报的时间
填报人	—

（二）养殖场成本收益

指标名称	说明
养殖场名称	养殖场全称
时间	数据采集的时间
交售类型	如乳奶站、规模场
交售价格	单位：元/公斤
年度总利润	单位：万元
年度总成本	单位：万元
饲料成本	单位：万元，年度饲料成本总和
奶牛养殖直接成本	包括饲料/原料采购、牛奶生产工作人员工资、机器设备折旧等
奶牛养殖间接成本	包括保险、管理、财务及销售费用
折旧费用	单位：万元
其他费用	单位：万元，内容包括雇用劳动力、租金、利息等
每公斤奶饲料成本	单位：元/公斤，可根据饲料总成本和产奶量计算得出
奶牛利润	单位：元/头，按公式计算得出
饲料成本占比	单位：%，由饲料成本/总成本计算得出
奶牛养殖直接成本占比	单位：%，由奶牛养殖直接成本/总成本计算得出
奶牛养殖间接成本占比	单位：%，由奶牛养殖间接成本/总成本计算得出
折旧占比	单位：%，由折旧费用/总成本计算得出

续表

指标名称	说明
其他费用占比	单位：%，由其他费用/总成本计算得出
生产1公斤生鲜乳成本	单位：元/公斤，由总成本/产奶量计算得出
生产1公斤生鲜乳利润	单位：元/公斤，由总利润/产奶量计算得出
填报时间	数据上报的时间
填报人	—

三、牛奶企业数据

（一）企业经营数据

指标名称	说明
企业名称	牛奶生产加工企业全称
时间	数据采集的时间
原料奶生产量	每年原料奶生产量总和，单位：吨/年
原料奶加工量	每年原料奶加工量总和，单位：吨/年
销售量	单位：吨
销售额	单位：万元/年
主要销区	产品主要销往的省份，可填省份名称、大区、全国
填报时间	数据上报的时间
填报人	—

（二）企业成本收益数据

指标名称	说明
企业名称	牛奶生产加工企业全称
时间	数据采集的时间
利润额	单位：万元
原料奶采购费用	企业购买原料奶支出的年度平均费用，单位：元/公斤
场地费用	单位：万元
机器设备费用	单位：万元
水电费用	单位：万元
包装费用	单位：万元
产品研发费用	企业用于产品研发的投入，单位：万元
管理费用	单位：万元
运输费用	单位：万元
广告营销费用	单位：万元
增值税	单位：万元
其他费用名称	—
其他费用金额	单位：万元
填报时间	数据上报的时间
填报人	—

四、零售价格数据

（一）超市价格

指标名称	说明
所属地区	具体到县级
采价点名称	—
采价点地址	—
商品名称	—
规格等级	—
价格	—
价格单位	不同的商品价格单位可能不一样
时间	年.月.日

（二）电商价格

指标名称	说明
所属地区	具体到县级
店铺名称	—
店铺地址	—
所属平台	如淘宝、京东、盒马鲜生等
商品名称	—
规格等级	包括包装方式、容量等
订单量	—
价格	—
价格单位	不同的商品价格单位可能不一样
时间	年.月.日

五、进出口数据

指标名称	说明
商品名称	海关标准名称
商品编码	海关8位标准编码
贸易类型	分为进口、出口
贸易对象	国家名称
当月数量	单位：吨
当月金额	单位：万美元
时间	年.月

六、国际生产数据

指标名称	说明
国家名称（中文）	—
牛奶产量	单位：吨
时间	年

七、国际多边贸易数据

指标名称	说明
商品名称（英文）	联合国国际贸易标准商品名称
商品名称（中文）	联合国国际贸易商品名称中文翻译
商品编码	联合国国际贸易商品6位标准编码
报告国名称（英文）	上报数据的国家名称

续表

指标名称	说明
报告国名称（中文）	—
贸易类型	分为进口、出口
贸易对象国名称（英文）	—
贸易对象国名称（中文）	—
当月数量	单位：吨
当月金额	单位：万美元
时间	年.月

八、舆情监测数据

指标名称	说明
文章标题	—
关键词	舆情监测所用关键词，如牛奶等
信息来源	文章最初发表的媒体，如新浪博客、人民网、小红书等
作者	—
发布时间	—
信息内容	—
点击量	—
转发量	—
转发去向	文章转发到哪些媒体
评论	—

九、其他相关数据

（一）国内乳业及奶牛养殖龙头企业名录

指标名称	说明
龙头企业名称	—
评级	如国家级/省级
公司性质	如国营/民营/外资
注册地址	—
注册时间	—
是否上市	是/否
年营业额	单位：万元
主营产品	—
备注	—
年份	龙头企业名录每年更新，按年份记录，可监测企业变化情况

（二）国际前100名乳企名录

指标名称	说明
企业名称	—
国际位次	—
所属国家	—
是否上市	是/否
年营业额	单位：万美元
主营产品	—
备注	—
年份	企业排名每年更新，按年份记录，可监测国际企业变化情况

第五章

信息采集流程

一、手工填报类流程

手工填报类信息是不可或缺的一手信息，具备很高的数据价值，但也容易在填报中产生错误，如报表中要求的数据单位是元/公斤，但用户填写的却是元/斤的价格，所以手工填报类信息的校验与审核必不可少，具体流程如下：

填写：信息上报用户用手机或者电脑登录优质乳信息采集系统，根据系统中的表格内容进行填报，系统会自动进行数据校验，对错误数据进行提醒，用户修改无误后提交。

数据预处理：用户填报的信息进入数据库中的过滤表，进行信息过滤和标准化处理，对异常数据加上标识，进入异常数据表。

数据入库：预处理后的正常数据根据程序设定，进入相应的数据表中进行存储。

异常数据处理：管理员对异常数据进行人工审核，确认是填报错误的，则与填报人联系，令其对异常数据进行更正后再次提交。

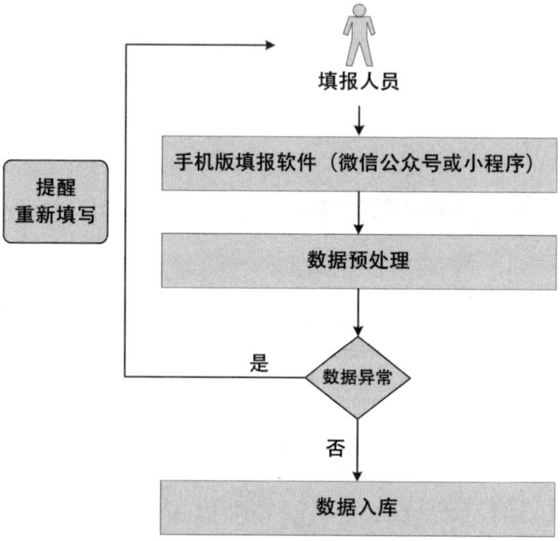

图5-1　手工填报类流程

二、人工采集类流程

人工信息采集指的是根据一定的目的，将系统内外各种形态的信息汇集起来，供自身系统或其他系统使用的过程。

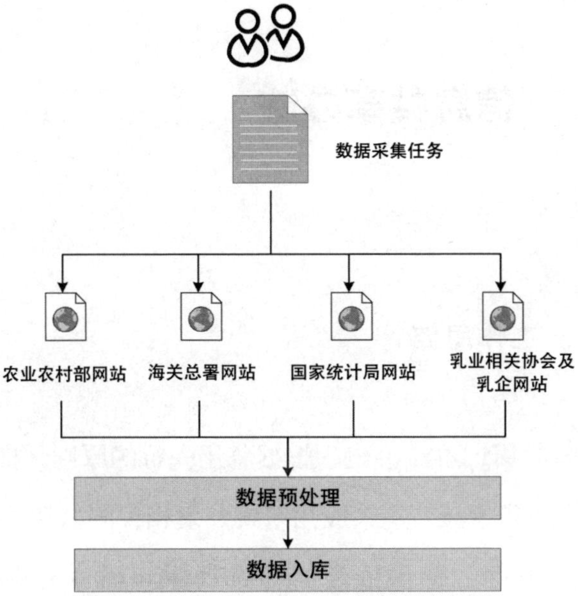

图5-2　人工采集类流程

第六章 信息共享办法

一、工作思路

面向应用，重点突出。根据急用先行的原则，推动与重点部门、重点领域、重大应用系统开发相关的信息共享。

试点先行，稳步推开。可选择重点研究方向先行试点，总结经验，探索工作方法与实施途径，而后稳步推开。

循序渐进，由表及里。可采取自上而下、由粗到细、由浅到深、由部分信息共享到系统性全面共享。

构建合理的长效机制。探索市场化运营等长效机制，使该项工作朝着方便快捷、持久化的方向发展。

二、共享原则

原始数据不共享。企业上报的原始数据以及购置的数据必须妥善存管，除非取得企业和数据供应方同意，否则不能共享给第三方。

公共数据全共享。通过互联网等公开渠道采集的数据皆共享给用户，免费使用。

数据成果分权限共享。汇总数据、数据分析结果、分析报告等数据成果采用分权限共享方式，制定共享目录和共享权限表，将用户划分为不同角色，将信息资源细化到资源元素，不同角色的人群可访问的数据成果不同，以此保证数据安全。

第七章 信息更新管理办法

一、填报类数据更新管理办法

建立信息定期填报制度，每月10日前上报上个月信息，每月5日向信息填报人员的手机发送提醒通知，8日向没完成填报工作的人员进行催报，9日向没完成填报工作的人员进行再次催报。10日还没有进行填报的，则按填报人员评价管理办法（参见下篇第九章）对其进行扣分。

二、手工采集类数据更新管理办法

信息采集人员需关注政府网站数据发布时间，掌握更新规律，在数据发布后的五日内完成采集和校核工作，如果超过时间未进行更新，则参照填报人员评价管理办法（参见下篇第九章）对其进行扣分。

三、机器自动采集类数据更新管理办法

设置自动执行程序，定时启动，进行信息爬取。对于每日更新的数据，每日晚上9：00启动程序；对于每周更新的数据，每周一晚上9：00启动程序；对于每月更新的数据，每月第一天晚上9：00启动程序。

四、共享类数据更新管理办法

与数据共享方建立通畅的数据传输渠道，采用数据接口或者其他协商好的方式进行数据同步，保证数据及时更新。

第八章 信息质量控制与评价

一、信息质量控制

信息质量控制的主要目的是提高信息质量，保障一致性、完整性、准确性、及时性，使信息源有较高的应用价值。

（一）一致性

数据元素间要维护良好的逻辑关系，如分项数据与总和数据应严格一致，收购量数据应该大于产出量数据，具有逻辑关系的数据，可按逻辑关系进行相互校验，以检查数据间逻辑性是否一致。

（二）完整性

信息完整性，即信息组成部分的完整性，如养殖场和企业所在位置，应包括省、市、县（街道）等信息；商品价格信息，应包括规格、单位、采集时间等信息。信息完整性是信息可分析挖掘的前提保证。

（三）准确性

准确性是指数据是否存在异常或错误，如数据单位弄错、时间弄错、品种弄错等，机器校验很难发现这种错误数据，只能通过人工审核发现。

（四）及时性

对许多类型的信息而言，只有及时更新的数据才具备分析价值，如商品价格信息、成本收益信息等，在进行质量控制时，应定期检查这类信息的更新情况。

二、信息质量评价

根据一致性、完整性、准确性和及时性这四个评价指标，对数据质量进行量化评价，每个指标的量化公式如下：

（一）一致性

$T_{一致性} = 100 \times$（总数－错误项数量）/总数

例如，乳企上报的生产数据由10个数据项组成，出现了一个错误码，则$T_{一致性}$ = 100×（10−1）/10 = 90。

（二）完整性

$T_{完整性}$ = 100×（总数−缺项数量）/总数

例如，乳企上报的生产数据由10个数据项组成，少报了一个数据项，则$T_{完整性}$ = 100×（10−1）/10 = 90。

（三）准确性

$T_{准确性}$ = 100×（总数−错误项数量）/总数

例如，乳企上报的生产数据由10个数据项组成，出现了一个错误码，则$T_{准确性}$ = 100×（10−1）/10 = 90。

（四）及时性

$T_{及时性}$ = 100×（30−迟报天数）/30

例如，乳企上报的生产数据应于每月5日提交，迟交了3天，则$T_{及时性}$ = 100×（30−3）/30 = 90。

（五）信息质量评分计算方法

$$P_i=\sum_{j=1}^{4} T_j w_j$$

其中：P_i是每个类型数据质量的分值，T_1～T_4分别代表一致性、完整性、准确性和及时性这四个评价指标，满分均为100，$W_1 \sim W_4$代表这四个指标的权重，根据这四个指标对数据质量的影响，初步设置权重如下：

序号	指标名称	指标满分分值	权重
1	一致性	100	20%
2	完整性	100	20%
3	准确性	100	30%
4	及时性	100	30%

例如，伊利公司上报的生产数据，10个数据中缺了3项，则$T_2=70$，上报时间晚了两天，则$T_4=100\times(30-2)/30=93.3$

$$P_{伊利生产}=100\times20\%+70\times20\%+100\times30\%+93\times30\%=91.9$$

（六）数据质量评价

为了便于对数据质量进行管理，将数据质量按照分值进行优劣评价，具体划分方法见下表：

数据质量状态	数据质量分值
优	大于等于90分
良	70（含）~89分
一般	50（含）~69分
差	0 ~49分

第九章 填报人员评价

对信息填报人员的工作质量进行量化评价，从而建立起公正、公平、透明、可执行的奖励机制。

一、填报人员评分计算方法

填报人员的工作质量主要依据其所填报的数据质量，计算公式如下：

$$H_i=（\sum_{j=1}^{n} T_j）/n$$

即每个填报人员的评分等于其所负责填报的所有不同类型数据的数据质量评分的平均值。

例如，张三是伊利公司的信息填报人员，负责生产、成本、收益三类数据上报，三类数据的数据质量评分分别是90、85、100，则：

张三的评分 =（90+85+100）/3 = 91.6分

二、填报人员评价

为便于考量，将填报人员评分划分为四个分数段，分别是“优、良、一般、差”。

人员评价	人员评分
优	大于等于90分
良	70（含）~89分
一般	50（含）~69分
差	0~49分

第十章 数据安全管理

数据资产作为一种无形资产，采集过程耗费了人工和财力，做好数据安全管理是保护数据资产的必要手段。保护数据资产需注意两点，一是根据不同类型的数据采用不同的保护方法；二是做好数据备份，以防数据丢失。

一、数据分级

在优质乳产销信息中，养殖场与牛奶企业等手工填报的数据属于重要数据，人工与机器采集、购置、共享的数据以及加工后的数据属于一般数据。重要数据仅供分析人员和管理人员使用，任何人不得篡改和外泄，并应加强系统管理，以保证重要数据的安全；一般数据可供其他系统和人员调用查阅，参见下篇第六章“信息共享办法”。

二、数据备份

建设一套可靠的备份系统，做好数据保护是至关重要的，数据备份方案应当充分考虑以下几方面：

第一，备份容量应考虑生产数据、业务数据、经营数据、GIS数据的存储容量增长需求。

第二，备份设备选择磁盘阵列，专业的磁盘阵列通过RAID保护机制，可确保数据的安全，且磁盘阵列可提供高速的数据存取速度，提供较高的性能。磁盘备份操作简单，备份速度较快，配置较为灵活。

第三，要实现持续数据保护机制。

第四，建设独立的备份系统，避免与生产环境互相影响。

当前主流的备份方式有LAN（网络）备份和LAN-Free备份，每种备份方式各有优缺点。

（一）网络（LAN）备份

如图10-1所示，网络（LAN）备份中，数据的传输是以网络为基础的。其中配置一台服务器作为备份服务器，由它负责整个系统的备份操作。磁带库或磁盘阵列则接在备份服务器上，在数据备份时备份对象把数据通过网络传输到磁带库或磁盘阵列中实现备份。网络备份的优点是节省投资、磁带库或磁盘阵列共享、集中备份管理，缺点是备份时需占用生产网络的带库，网络传输压力较大，比较适合小型系统的备份。

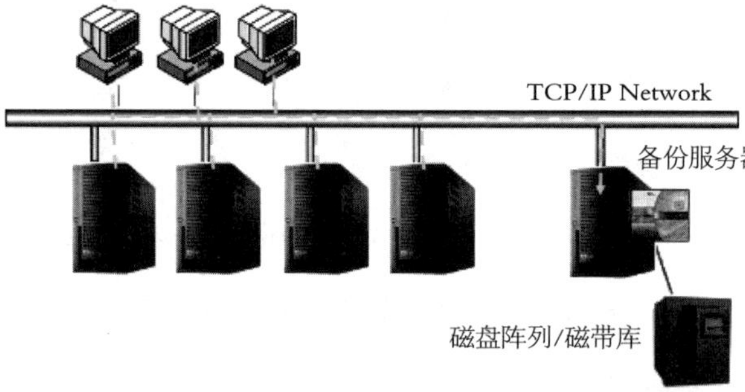

图10-1 网络（LAN）备份示意

（二）LAN-Free备份

如图10-2所示，LAN-Free备份是在SAN环境中进行的，是指数据不经过局域网直接进行备份，即用户只需将备份设备连接到SAN中，各服务器就可把需要备份的数据直接发送到共享的备份设备上，不必再经过局域网链路。由于服务器到共享存储设备的大量数据传输是通过SAN网络进行的，局域网只承担各服务器之间的通信任务，而不是数据传输。这种备份方式适合在局域网内部使用，不适合异地远程备份。

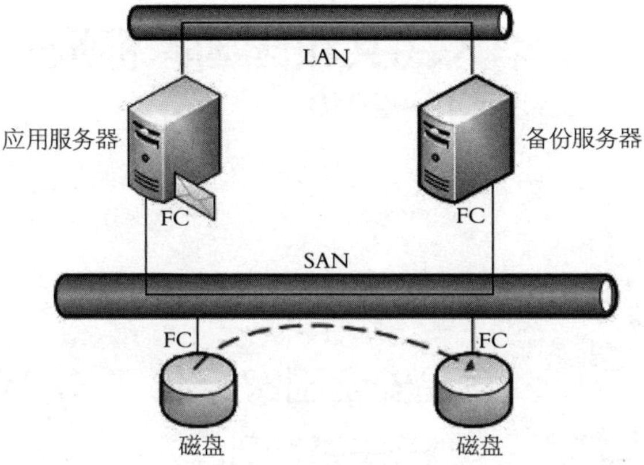

图10-2　LAN-Free备份示意

优质乳产销信息建议采用LAN-Free的备份方式，使用一台单独的服务器并部署备份软件作为备份管理服务器，服务器连接至SAN存储网络。

附件一

中华人民共和国国家标准

GB 19645—2010

食品安全国家标准
巴氏杀菌乳

National food safety standard

Pasteurized milk

2010-03-26 发布　　　　2010-12-01 实施

中华人民共和国卫生部　发布

食品安全国家标准
巴氏杀菌乳

前　言

本标准代替GB 19645—2005《巴氏杀菌、灭菌乳卫生标准》以及GB 5408.1—1999《巴氏杀菌乳》中的部分指标，GB 5408.1—1999《巴氏杀菌乳》中涉及本标准的指标以本标准为准。

本标准与GB 19645—2005相比，主要变化如下：

——将《巴氏杀菌、灭菌乳卫生标准》分为《巴氏杀菌乳》、《灭菌乳》、《调制乳》三个标准，本标准为《巴氏杀菌乳》；

——修改了“范围”的描述；

——明确了“术语和定义”；

——修改了“感官指标”；

——取消了脱脂、部分脱脂产品的脂肪要求；

——增加了羊乳的蛋白质要求；

——将“理化指标”中酸度值的限量要求修改为范围值；

——取消了“兽药残留指标 ”；

——取消了“农药残留指标 ”；

——“污染物限量”直接引用GB 2762的规定；

——“真菌毒素限量”直接引用GB 2761的规定；

——修改了“微生物指标”的表示方法；

——取消了“食品添加剂”的要求；

——修改了“标识”的规定。

本标准所代替标准的历次版本发布情况为：

——GB 19645—2005。

1. 范围

本标准适用于全脂、脱脂和部分脱脂巴氏杀菌乳。

2. 规范性引用文件

本标准中引用的文件对于本标准的应用是必不可少的。凡是注日期的引用文件，仅所注日期的版本适用于本标准。凡是不注日期的引用文件，其最新版本（包括所有的修改单）适用于本标准。

3. 术语和定义

巴氏杀菌乳 pasteurized milk。

仅以生牛（羊）乳为原料，经巴氏杀菌等工序制得的液体产品。

4. 技术要求

4.1 原料要求：生乳应符合GB 19301的要求。

4.2 感官要求：应符合表1的规定。

表1 感官要求

项 目	要 求	检验方法
色泽	呈乳白色或微黄色。	取适量试样置于50mL烧杯中，在自然光下观察色泽和组织状态。闻其气味，用温开水漱口，品尝滋味。
滋味、气味	具有乳固有的香味，无异味。	
组织状态	呈均匀一致液体，无凝块、无沉淀、无正常视力可见异物。	

4.3 理化指标：应符合表2的规定。

表2 理化指标

项 目	指 标	检验方法
脂肪[a]/(g/100g)≥	3.1	GB 5413.3
蛋白质[a]/(g/100g) 牛乳≥ 羊乳≥	 2.9 2.8	GB 5009.5
非脂乳固体/(g/100g)≥	8.1	GB 5413.39
酸度/ (°T) 牛乳≥ 羊乳≥	 12～18 6～13	GB 5413.34

[a] 仅适用于全脂巴氏杀菌乳。

4.4 污染物限量：应符合GB 2762的规定。

4.5 真菌毒素限量：应符合GB 2761的规定。

4.6 微生物限量：应符合表3的规定。

表3 理化指标

项 目	采样方案[a]及限量（若非指定，均以CFU/g或CFU/mL表示）				检验方法
	n	c	m	M	
菌落总数	5	2	50000	100000	GB 4789.2
大肠菌群	5	2	1	5	GB 4789.3 平板计数法
金黄色葡萄球菌	5	0	0 /25g(mL)	–	GB 4789.10 定性检验
沙门氏菌	5	0	0 /25g(mL)	–	GB 4789.4

[a]样品的分析及处理按 GB 4789.1 和 GB 4789.18 执行。

5. 其他

应在产品包装主要展示面上紧邻产品名称的位置，使用不小于产品名称字号且字体高度不小于主要展示面高度五分之一的汉字标注“鲜牛（羊）奶”或“鲜牛（羊）乳”。

附件二

中华人民共和国国家标准

GB 25190—2010

食品安全国家标准
灭菌乳

National food safety standard

Sterilized milk

2010-03-26 发布　　　　2010-12-01 实施

中华人民共和国卫生部　　发布

食品安全国家标准
灭菌乳

前　言

本标准代替GB 19645—2005《巴氏杀菌、灭菌乳卫生标准》及GB 5408.2—1999《灭菌乳》中的部分指标，GB 5408.2—1999《灭菌乳》中涉及本标准的指标以本标准为准。

本标准与GB 19645—2005相比，主要变化如下：

——将《巴氏杀菌、灭菌乳卫生标准》分为《巴氏杀菌乳》、《灭菌乳》、《调制乳》三个标准，本标准为《灭菌乳》；

——修改了“范围”的描述；

——明确了“术语和定义”；

——修改了“感官指标”；

——取消了脱脂、部分脱脂产品的脂肪要求；

——增加了羊乳的蛋白质要求；

——将“理化指标”中酸度值的限量要求修改为范围值；

——取消了“兽药残留指标 ”；

——取消了“农药残留指标 ”；

——“污染物限量”直接引用GB 2762的规定；

——“真菌毒素限量”直接引用GB 2761的规定；

——取消了“食品添加剂”的要求；

——修改了“标识”的规定。

本标准所代替标准的历次版本发布情况为：

——GB 19645—2005。

1. 范围

本标准适用于全脂、脱脂和部分脱脂灭菌乳。

2. 规范性引用文件

本标准中引用的文件对于本标准的应用是必不可少的。凡是注日期的引用文件，仅所注日期的版本适用于本标准。凡是不注日期的引用文件，其最新版本（包括所有的修改单）适用于本标准。

3. 术语和定义

3.1 超高温灭菌乳 ultra high-temperature milk

以生牛（羊）乳为原料，添加或不添加复原乳，在连续流动的状态下，加热到至少132℃并保持很短时间的灭菌，再经无菌灌装等工序制成的液体产品。

3.2 保持灭菌乳 retort sterilized milk

以生牛（羊）乳为原料，添加或不添加复原乳，无论是否经过预热处理，在灌装并密封之后经灭菌等工序制成的液体产品。

4. 技术要求

4.1 原料要求

4.1.1 生乳：应符合GB 19301的规定。

4.1.2 乳粉：应符合GB 19644的规定。

4.2 感官要求：应符合表1的规定。

表1 感官要求

项　目	要　求	检验方法
色泽	呈乳白色或微黄色。	取适量试样置于50mL 烧杯中，在自然光下观察色泽和组织状态。闻其气味，用温开水漱口，品尝滋味。
滋味、气味	具有乳固有的香味，无异味。	
组织状态	呈均匀一致液体，无凝块、无沉淀、无正常视力可见异物。	

4.3 理化指标：应符合表2的规定。

表2 理化指标

项　目	指　标	检验方法
脂肪[a]/(g/100g)≥	3.1	GB 5413.3
蛋白质/(g/100g) 牛乳≥ 羊乳≥	 2.9 2.8	GB 5009.5
非脂乳固体/(g/100g)≥	8.1	GB 5413.39
酸度/ (°T) 牛乳≥ 羊乳≥	 12～18 6～13	GB 5413.34
[a] 仅适用于全脂灭菌乳。		

4.4 污染物限量：应符合GB 2762的规定。

4.5 真菌毒素限量：应符合GB 2761的规定。

4.6 微生物要求：应符合商业无菌的要求，按GB/T 4789.26规定的方法检验。

5. 其他

5.1 仅以生牛（羊）乳为原料的超高温灭菌乳应在产品包装主要展示面上紧邻产品名称的位置，使用不小于产品名称字号且字体高度不小于主要展示面高度五分之一的汉字标注“纯牛（羊）奶”或“纯牛（羊）乳”。

5.2 全部用乳粉生产的灭菌乳应在产品名称紧邻部位标明“复原乳”或“复原奶”；在生牛（羊）乳中添加部分乳粉生产的灭菌乳应在产品名称紧邻部位标明“含××%复原乳”或“含××%复原奶”。

注：“××%”是指所添加乳粉占灭菌乳中全乳固体的质量分数。

5.3“复原乳”或“复原奶”与产品名称应标识在包装容器的同一主要展示版面；标识的“复原乳”或“复原奶”字样应醒目，其字号不小于产品名称的字号，字体高度不小于主要展示版面高度的五分之一。

附件三

中华人民共和国国家标准

GB 19302—2010

食品安全国家标准
发酵乳

National food safety standard

Fermented milk

2010－03－26 发布　　2010－12－01 实施

中华人民共和国卫生部　发布

食品安全国家标准
发酵乳

前　言

本标准对应于国际食品法典委员会（CAC）的标准Codex Stan 243—2003（Revision 2008）Codex Standard for Fermented Milks，本标准与Codex Stan 243—2003（Revision 2008）的一致性程度为非等效。

本标准代替GB 19302—2003《酸乳卫生标准》和第1号修改单以及GB 2746—1999《酸牛乳》中的部分指标，GB 2746—1999《酸牛乳》中涉及本标准的指标以本标准为准。

本标准与GB 19302—2003相比，主要变化如下：

——标准名称改为《发酵乳》；

——修改了“范围”的描述；

——明确了“术语和定义”；

——修改了“感官指标”；

——取消了脱脂、部分脱脂产品的脂肪要求；

——取消了风味发酵乳产品中非脂乳固体指标；

——取消了总固形物要求；

——“污染物限量”直接引用GB 2762的规定；

——“真菌毒素限量”直接引用GB 2761的规定；

——修改了“微生物指标”的表示方法；

——取消了致病菌中志贺氏菌的要求；

——修改了产品中乳酸菌数的要求；

——增加了对营养强化剂的要求。

本标准所代替标准的历次版本发布情况为：

——GB 19302—2003。

1. 范围

本标准适用于全脂、脱脂和部分脱脂发酵乳。

2. 规范性引用文件

本标准中引用的文件对于本标准的应用是必不可少的。凡是注日期的引用文件，仅所注日期的版本适用于本标准。凡是不注日期的引用文件，其最新版本（包括所有的修改单）适用于本标准。

3. 术语和定义

3.1 发酵乳 fermented milk

以生牛（羊）乳或乳粉为原料，经杀菌、发酵后制成的pH值降低的产品。

3.1.1 酸乳 yoghurt

以生牛（羊）乳或乳粉为原料，经杀菌、接种嗜热链球菌和保加利亚乳杆菌（德氏乳杆菌保加利亚亚种）发酵制成的产品。

3.2 风味发酵乳 flavored fermented milk

以80%以上生牛（羊）乳或乳粉为原料，添加其他原料，经杀菌、发酵后pH值降低，发酵前或后添加或不添加食品添加剂、营养强化剂、果蔬、谷物等制成的产品。

3.2.1 风味酸乳 flavored yoghurt

以80%以上生牛（羊）乳或乳粉为原料，添加其他原料，经杀菌、接种嗜热链球菌和保加利亚乳杆菌（德氏乳杆菌保加利亚亚种）发酵前或后添加或不添加食品添加剂、营养强化剂、果蔬、谷物等制成的产品。

4. 指标要求

4.1 原料要求

4.1.1 生乳：应符合GB 19301规定。

4.1.2 其他原料：应符合相应安全标准和/或有关规定。

4.1.3 发酵菌种：保加利亚乳杆菌（德氏乳杆菌保加利亚亚种）、嗜热链球菌或其他由国务院卫生行政部门批准使用的菌种。

4.2 感官要求：应符合表1的规定。

表1 感官要求

<table>
<tr><th rowspan="2">项 目</th><th colspan="2">要 求</th><th rowspan="2">检验方法</th></tr>
<tr><th>发酵乳</th><th>风味发酵乳</th></tr>
<tr><td>色泽</td><td>色泽均匀一致，呈乳白色或微黄色。</td><td>具有与添加成分相符的色泽。</td><td rowspan="3">取适量试样置于50mL烧杯中，在自然光下观察色泽和组织状态。闻其气味，用温开水漱口，品尝滋味。</td></tr>
<tr><td>滋味、气味</td><td>具有发酵乳特有的滋味、气味。</td><td>具有与添加成分相符的滋味和气味。</td></tr>
<tr><td>组织状态</td><td colspan="2">组织细腻、均匀，允许有少量乳清析出；风味发酵乳具有添加成分特有的组织状态。</td></tr>
</table>

4.3 理化指标：应符合表2的规定。

表2 理化指标

项　目	指　标		检验方法
	发酵乳	风味发酵乳	
脂肪[a]/(g/100g) ≥	3.1	2.5	GB 5413.3
非脂乳固体/(g/100g) ≥	8.1	—	GB 5413.39
蛋白质/(g/100g) ≥	2.9	2.3	GB 5009.5
酸度/ (°T) ≥	70.0		GB 5413.34

[a] 仅适用于全脂产品。

4.4 污染物限量：应符合GB 2762的规定。

4.5 真菌毒素限量：应符合GB 276的规定。

4.6 微生物限量：应符合表3的规定。

表3 微生物限量

项　目	采样方案[a]及限量（若非指定，均以CFU/g或CFU/mL表示）				检验方法
	n	c	m	M	
大肠菌群	5	2	1	5	GB 4789.3平板计数法
金黄色葡萄球菌	5	0	0 /25 g(mL)	–	GB 4789.10定性检验
沙门氏菌	5	0	0 /25 g(mL)	–	GB 4789.4
酵母≤	100				GB 4789.15
霉菌≤	30				

[a] 样品的分析及处理按GB 4789.1和GB 4789.18执行。

4.7 乳酸菌数：应符合表4的规定。

表4 乳酸菌数

项 目	限量[CFU/g(mL)]	检验方法
乳酸菌数[a] ≥	1×10^6	GB 4789.35

[a] 发酵后经热处理的产品对乳酸菌数不作要求。

4.8 食品添加剂和营养强化剂。

4.8.1 食品添加剂和营养强化剂质量应符合相应的安全标准和有关规定。

4.8.2 食品添加剂和营养强化剂的使用应符合GB 2760和GB 14880的规定。

5. 其他

5.1 发酵后经热处理的产品应标识“××热处理发酵乳”“××热处理风味发酵乳”“××热处理酸乳/奶”或“××热处理风味酸乳/奶”。

5.2 全部用乳粉生产的产品应在产品名称紧邻部位标明“复原乳”或“复原奶”；在生牛（羊）乳中添加部分乳粉生产的产品应在产品名称紧邻部位标明“含××%复原乳”或“含××%复原奶”。

注：“××%”是指所添加乳粉占产品中全乳固体的质量分数。

5.3 “复原乳”或“复原奶”与产品名称应标识在包装容器的同一主要展示版面；标识的“复原乳”或“复原奶”字样应醒目，其字号不小于产品名称的字号，字体高度不小于主要展示版面高度的五分之一。

附件四

GB/T 6914—1986《生鲜牛乳收购标准》

本标准适用于收购的生鲜牛乳的检验和评级

1. 定义

1.1 收购的生鲜牛乳

收购的生鲜牛乳系指从正常饲养的、无传染病和乳房炎的健康母牛乳房内挤出的常乳。

2. 收购的生鲜牛乳的质量要求

2.1 理化指标

理化指标只有合格指标，不再分级，见表1。

表1

项目	指标
脂肪，% ≥	3.10
蛋白质，% ≥	2.95
密度（20℃/4℃）≥	1.0280
酸度（以乳酸表示），%≤	0.162
杂质度，ppm ≤	4
汞，ppm	0.01
六六六、滴滴涕，ppm ≤	0.1

2.2 感官指标

正常牛乳应为乳白色或微带黄色，不得含有肉眼可见的异物，不得有红色、绿色或其他异色。不能有苦、咸、涩的滋味和饲料、青贮、霉等其他异常气味。

2.3 细菌指标

收购牛乳细菌指标计有下列两个，每个均可采用。采用平皿细菌总数计算法，按表2每毫升内细菌总数分级指标进行评级：采用美蓝还原褪色法按表3美蓝褪色时间分级指标进行评级。两者只许采用一个，不能重复。

表2

分级	平皿细菌总数分级指标，万个/毫升
1	≤50
2	≤100
3	≤200
4	≤400

表3

分级	美蓝褪色时间分级指标
1	≥4小时
2	≥2.5小时
3	≥1.5小时
4	≥40分钟

3. 检验方法

3.1 乳的取样法

3.1.1 适用范围：本法记述从大型容器或小型容器中，取得具有代表性样品的生乳及消毒乳取样的方法。

3.1.2 规定：样品的采取必须由公认的、具有一定技术的代理人进行。该代理人必须无传染性疾病。样品应附有负责取样者签名的报告书，该报告书应详细记载取样的场所、奶别、货主、日期、时间、取样者和到场者的姓名及职称，必要时还应包括包装形式、大气温度、湿度、取样器具的灭菌方法、样品防腐剂添加与否及有关的特殊情况。

3.1.3 各样品必须贴上标签并密封之，必要时还要写明样品的重量。样品采取后必须24小时内迅速送往试验室进行检验。检验细菌的样品采样后应立即于4℃下冷藏，并于18小时内送到试验室进行检验；如无冷藏设备，必须于采样后2小时内进行检验。

3.1.4　化学分析用样品采样所用器具及样品容器都必须清洁干燥。细菌检验用的取样器具必须清洁灭菌，灭菌方法应根据不同材质容器，采用不同灭菌法。

3.1.4.1　在170℃高温热气中保持2小时（能在无菌条件下放置更好）。

3.1.4.2　在120℃蒸气（高压锅）中保持15～20分钟（能在无菌条件下放置更好）。

3.1.4.3　在100℃开水中浸泡1分钟（器具立即使用）。

3.1.4.4　在70%酒精中浸泡，使用之前再用火焰烧去酒精。取样容器以玻璃材料、不锈钢和某些塑料制品为好，须配合适的橡胶塞、塑料塞或螺旋塞盖紧。使用橡胶塞时，须用不吸附的无臭物质（例如某种塑料）套好盖在容器上，也可用合适的塑料袋。

3.1.5　小型容器取样，应该用密封完整的容器的内容物作为样品。化学分析的鲜乳样品，可加适量对分析没有影响的防腐剂，并在标签和报告中注明。细菌和感官检验用的样品不得使用防腐剂，但必须保存在0～5℃冷藏容器中，运输途中也不可超过10℃，并须防止日光直射。

3.1.6　大容器取样前，应上、下持续搅拌25次以上，直至充分混匀，然后直接用长柄匙取样。

3.1.7 检验前，无论是理化指标检验或卫生质量检验，所有生奶及消毒奶样品由冷藏处取出后均须升温至40℃，剧烈颠覆上下摇荡，使内部脂肪完全融化并混合均匀后，再降温至20℃，用吸管取样进行检验。

3.2 乳中脂肪含量的测定

3.2.1 方法及处理

按照罗兹-格特里（Rose-Gettlieh）的乳脂肪测定法，将定量乳汁溶于含氨的酒精溶液中，用乙醚及石油醚将脂肪抽出，再蒸发去溶剂，称量残留物质测定其中乳脂的重量。

3.2.2 试剂和溶液

3.2.2.1 氨水（GB 631—77）

3.2.2.2 95%乙醇（GB 679—80）。

3.2.2.3 乙醚（HG 3—1002—76）和石油醚（HG 3—1003—76）1∶1混合溶液。

3.2.3 仪器和设备

3.2.3.1 化学天平：感量0.1毫克。

3.2.3.2 抽出管：具有磨口玻璃塞、软木塞或对所用的溶剂没有腐蚀污染的塞子。使用软木塞时将良质的软木塞用乙醚继而用石油醚进行处理，再将其放在60℃或60℃

以上的热水中至少浸泡20分钟以上，用水冷却，这样再使用时便饱和了。

3.2.3.3 烧瓶：250毫升或150毫升。

3.2.3.4 干燥箱：能调节到102±2℃使用。

3.2.3.5 电加热板：配有安全装置。

3.2.4 操作方法

3.2.4.1 样品制备：参照3.1.7进行样品处理，但摇荡时不可过分强烈以致乳起泡和出现黄油脂肪搅乳。

3.2.4.2 空白试验：在测定样品脂肪含量时，用同型的抽出管，同量的试剂，以10毫升蒸馏水进行空白试验。该空白试验值超过0.5毫克时，检查所用试剂，不纯的要换。

3.2.4.3 将烧瓶置于干燥箱中加热0.5～1小时（在后面除去溶剂时用的浮石也一并放入），当烧瓶冷却至天平室温度时称重。

3.2.4.4 立即将10～11克充分混合了的样品置入抽出管中，在天平上直接称重或称其重量差。然后加入25%的氨溶液1.5毫升或相应数量的已知更浓的氨溶液充分混合。在不加塞的容器里加入乙醇10毫升，将其液体缓慢地、充分地混合，再加入乙醇25毫升，将容器塞紧，用力摇荡1～2分钟，冷却。必要时可在流水中冷却。

小心取下塞子，加入石油醚25毫升，摇荡0.5～15分钟。将容器静置约30分钟，至上层变得透明并与水层清晰地分离。取下塞子，用混合溶剂数毫升冲洗塞子及容器口部的内壁，所有冲洗液均注入容器中。仔细地用移液管或虹吸管尽可能多地将上层清液移入烧杯中。

注：在不使用虹吸管移液操作时，为了便于倾倒，必须加入少量的水使两层间的界面上升。

用混合溶剂数毫升冲洗容器口部的内外壁或虹吸管前端的下部分。冲洗容器外壁的冲洗液流入烧瓶中，冲洗口部内壁及虹吸管的冲洗液则流入抽出瓶中。

3.2.4.5　用15毫升乙醚和15毫升石油醚重复上述操作，进行第二次抽出。重复上述操作进行第三次抽出，略去最后的冲洗过程。

3.2.4.6　要注意尽可能地将溶剂（包含乙醇）蒸发或蒸馏去。在烧瓶容量小的时候，须用上述方法将抽出的各种溶剂先除去一部分。如果溶剂的气味已经消失，将烧瓶侧放在干燥箱中加热1小时，然后冷却至室温，称重，重复烘烤，直至恒重。

如果抽出物中有不溶或有怀疑争议时，重复加入石油醚并缓慢加温摇动，将烧瓶中的脂肪完全抽出。此时，在倾倒前要使不溶物质沉淀，烧瓶口的外壁冲洗三次。

如前所述，将烧瓶横放在干燥箱中加热1小时后，冷却至天平室温度，称重，脂肪的重量，用3.2.4.6的重量与此次最后重量之差表示之。

3.2.5　计算

样品的脂肪含量按下式计算。

$$F(\%)=\frac{a}{w}\times 100$$

式中：F——样品的脂肪含量，%；

a——脂肪重量，克；

W——样品重量，克。

两次平行测定结果之差，对于100克牛乳不超过0.03克。

3.3　乳汁中蛋白质含量的测定

3.3.1　方法原理

用半微量凯氏定氮法，测定乳汁中氮的含量，从而计算出该乳汁中蛋白质的含量（%）。

3.3.2　试剂和溶液

3.3.2.1　盐酸（GB 622—77）：0.05摩尔/升标准溶液。

3.3.2.2　氢氧化钠（GB 629—81）：饱和溶液。

3.3.2.3　硼酸（GB 628—78）：2%溶液。

3.3.2.4　混合催化剂：无水硫酸钾或硫酸钠、硫酸铜、硒按100：10：2的重量比配制而成。

3.3.2.5 混合指标液：以0.2%甲基红与0.1%次甲基蓝相等体积混合配成。

3.3.3 仪器和设备

3.3.3.1 电炉：1～2组附有支撑架的可调电炉。

3.3.3.2 凯氏烧瓶：250毫升。

3.3.3.3 半微量凯氏定氮仪。

3.3.3.4 容量瓶：100毫升。

3.3.4 操作

3.3.4.1 在干净的凯氏烧瓶里，加入约2克催化剂，然后用10毫升移液管吸取经40℃升温并冷却至20℃左右的混合均匀的牛乳样品10毫升，称重后直接注入凯氏烧瓶底部，再沿瓶壁徐徐加入15～20毫升浓硫酸，并轻轻摇荡，使样品全部被硫酸脱水炭化。

3.3.4.2 将加好试剂的凯氏烧瓶放入通风橱内的可调电炉上，先小火加热，至冒出白烟后加大火力，直至瓶内溶液变成透明淡蓝色后，再继续加热20～30分钟即可。

3.3.4.3 将已冷却的溶液移入100毫升容量瓶内，并用蒸馏水重复冲洗凯氏烧瓶5～6次，全部冲洗液倒入容量瓶中，最后在液温20℃时定容至100毫升刻度线处。

3.3.4.4 蒸馏：吸取容量瓶内样品10毫升放入半微量凯氏定氮仪的反应室内，加入约4毫升饱和氢氧化钠，放开蒸汽管夹，在通入的热蒸汽作用下，样品与饱和氢氧化钠反应，放出NH_3，经冷却管冷却后流入盛有2%的硼酸溶液接收杯中，成为$NH_4HB_4O_7$，使原来淡紫红色的硼酸溶液（内加有适量的混合指示剂）变为淡苹果绿色，直至硼酸接收杯中溶液增加约30毫升时取下接收杯，同时用蒸馏水少许将冷却管末端（浸入接收杯部分）残余液滴冲洗入接收杯内。

3.3.4.5　滴定：将接收杯内液体用0.05N盐酸标准溶液滴定，至出现淡紫红色时为止，读出所消耗的盐酸毫升数。

3.3.5　结果与计算

$$CP（\%）=\frac{(N\times V\times 0.014\times 6.38)}{\left(w\times \frac{10}{100}\right)}\times 100$$

式中：

CP——蛋白质含量，%；

N——盐酸当量浓度：

V——滴定消耗的盐酸标准溶液的体积，毫升；

0.014——1.0毫升的一个当量盐酸溶液相当于0.014克氮；

6.38——为将牛乳中氮的含量转算为蛋白质量的转换值；

w——牛乳样品重，克。

3.4　乳汁密度的测定

3.4.1　仪器设备

温度计：0～100℃；

牛奶密度计（乳稠计）：20℃/4℃

量筒：250毫升、直径大小应使在沉入乳稠计时，乳稠计的周边和量筒内壁间的距离不小于0.5厘米。

3.4.2　操作

将牛乳样品升温至40℃，上下颠倒摇荡，混合均匀后，降温至20℃（10℃～25℃）左右，小心地注入高度大于密度计长度，容积约250毫升的玻璃量筒中，加到量筒容积的3/4时为止。注入牛乳时应防止牛乳生成泡沫。放入乳稠计时，应手持乳稠计上部，小心地把它沉入量筒内的乳汁中，让它自由浮动，要使它不与量筒壁接触。等乳稠计静止2～3分钟后，双眼对准筒内乳液表面的高度。由于牛乳表面与乳稠计接触处形成新月形，此新月形表面的顶点处乳稠计标尺的高度，即密度的数值。

3.4.3　结果的表示

所用的乳稠计要以20℃时的数值表示。因此，如果乳样具有另一温度，则须对温度的差异加以校正。温度比20℃每高出1℃时，要在得出的乳稠计度数上加0.2，或在密度数值上加上0.0002；温度比20℃每低1℃时，要从得出的乳稠计度数上减0.2，或在密度数值上减去0.0002；如遇到旧式密度计，标尺是在15℃/15℃时刻成的，须在15℃

的同一温度下测定和读数。此密度数值，比在20℃时用20℃/4℃刻度的密度计测定牛乳所得的数值高0.002或较后一种密度计读数高2%。

3.5 乳汁酸度的测定

3.5.1 试剂和溶液

3.5.1.1 95%乙醇（GB 679—80）：0.5%中性酚酞溶液。

3.5.1.2 氢氧化钠（GB 629—81）（无碳酸盐）：1/9摩尔/升溶液。

3.5.1.3 冰乙酸（GB 676—78）。

3.5.1.4 乙酸玫瑰苯胺浓溶液：称取0.12克乙酸玫瑰苯胺，逐渐加入95%乙醇（内有0.5毫升冰乙酸）50毫升。再加入95%乙醇稀释成100毫升。

3.5.1.5 乙酸玫瑰苯胺稀溶液：吸取上述溶液1毫升，用1：1蒸馏水稀释过的95%乙醇溶液稀释至500毫升。上述两种溶液应于阴暗处保存在棕色小口瓶中，用橡皮塞塞紧待用。

3.5.1.6 酚酞（HGB 3039—59）：0.5%中性溶液的配制，取1克酚酞溶于110毫升95%乙醇中，加入80毫升蒸馏水，再用约0.1摩尔/升氢氧化钠溶液一滴一滴地加入，直至溶液呈淡红色为止，再加入蒸馏水稀释至200毫升即可。

3.5.2　仪器和设备

3.5.2.1　酸式滴定管、碱式滴定管：各10毫升。

3.5.2.2　容量瓶：100毫升、500毫升。

3.5.3　操作

用吸管取两份10毫升牛乳，分别放入两个50毫升三角瓶中，其中一瓶加入1毫升稀释的乙酸玫瑰苯胺溶液作为颜色对照；在另一瓶中加入1毫升酚酞溶液，再由滴管中迅速加入1/9摩尔/升氢氧化钠溶液1毫升，然后继续逐滴加入，不停摇动，直至呈现的颜色与对照瓶内淡品红色相同时为止。全部滴定时间应当为20秒左右。滴定工作最好能在白昼进行。如在夜晚进行须用荧光灯照明，如不用玫瑰苯胺颜色做对照，滴定终点可决定于奶样呈现淡品红色后，维持5秒不褪即可。

3.5.4　结果的表示

每100毫升牛乳内含有乳酸克数＝滴定10毫升牛乳时消耗1/9摩尔/升氢氧化钠溶液的毫升数÷10（乳酸克分子量设为90）。

也可用每100毫升乳样内乳酸克数＝奶样酸度°T×0.009（0.009为乳酸换算系数，即1毫升0.1摩尔/升氢氧化钠相当于0.009克乳酸）。

注：牛乳“°T”滴定法：取10毫升待测的牛乳加20毫

升蒸馏水，再加入0.5％中性酚酞溶液1.5毫升，用0.1摩尔/升氢氧化钠标准溶液滴定，直至溶液呈淡品红色在30秒内不消失为止，消耗0.1摩尔/升氢氧化钠标准溶液的毫升数乘以10，即得酸度°T。两次平行实验结果差值不得大于0.5°T。

还可以用酒精实验快速测定收购生乳的鲜度。酒精实验方法是在试管内用1～2毫升中性酒精与牛乳等量混合，摇荡后不出现絮片的乳样即符合下列酸度标准，出现絮片的牛乳为酒精实验阳性乳，表示其酸度高。实验时温度以20℃为标准。

酒精浓度	不出现絮片的酸度
68°	20°T以下
70°	19°T以下
72°	18°T以下

3.6 乳汁杂质度的测定

3.6.1 方法原理

取定量的牛乳样通过一定大小口径的棉质过滤板过滤，用特制的含有不同杂质沉淀量的各标准比色板与此过滤板的杂质沉淀颜色相比可以测出该乳样内杂质的浓度。

3.6.2 仪器和设备

3.6.2.1 棉质过滤板：直径32毫米。

3.6.2.2 抽气泵：368W。

3.6.2.3　标准比色板：直径为28.6毫米。

3.6.3　操作

取奶样500毫升，加热至60℃，于棉质过滤板上过滤，为了加快过滤速度，可用真空泵抽滤，用水冲洗黏附在过滤板上的牛乳。将过滤板置于烘箱中烘干后，再与标准比色板比较，即可得出过滤板上的杂质量。

3.6.4　结果的表示

根据前述选出的与棉质过滤板颜色最近似的标准比色板所代表的每500毫升牛乳中含有的杂质毫克数，即可读出乳样每500毫升中含有的杂质毫克数。如以此数乘2，即可得出乳样内以ppm为单位的杂质浓度，或每公斤含有杂质的毫克数。

3.7　乳汁中汞的测定

乳汁中汞的测定按GB 5009.1～5009.70—85《食品卫生检验方法 理化部分》中GB 5009.17—85进行。

3.8　乳汁中六六六、滴滴涕残留量的测定

乳汁中六六六、滴滴涕残留量按照GB 5009.1～5009.70—85中GB 5009.19—85进行。

3.9　乳汁中细菌总数的测定

乳汁中细菌总数的测定按照GB 4789.1～4789.28—84《食品卫生检验方法微生物学部分》中GB 4789.2—84进行。

3.10 牛乳美蓝还原褪色试验

3.10.1 定义

本方法中所指牛乳卫生质量包括细菌的浓度和代谢强度以及体细胞代谢消耗一定量的氧所需要的时间。

3.10.2 方法原理

利用微生物及体细胞浓度愈大，代谢愈旺盛，单位时间内消耗氧愈多，美蓝还原褪色时间相应变短；反之，美蓝褪色时间则相应变长。在一定容量的牛乳内加入定量的美蓝，上覆少量消毒的液体石蜡以隔绝外界氧，在38℃水浴中静置观察美蓝褪色时间的长短。

3.10.3 试剂

美蓝溶液的配制：称取分析纯美蓝4.9毫升，在100毫升定容瓶内加部分蒸馏水使之全部溶解后定容至100毫升，塞上瓶盖，于冰箱中贮存备用，使用期限为14日。

3.10.4 仪器设备

分析天平：感量0.1毫克

定温浴槽（内高不低于21厘米）

试管：18 × 18厘米

金属试管架

吸管：1和20毫升

玻璃器皿使用前均须进行灭菌，吸管上端须放有脱脂棉以防操作时唾液进入样品。

3.10.5 操作方法

用消毒吸管吸取每个待测乳样20毫升，分别放入顺序排列在试管架上编有代号的试管中，再在每个试管内加入1毫升美蓝标准溶液，然后用一小张干净硫酸纸盖住管口，再用拇指压紧，分别颠倒摇荡混匀后，按顺序放在试管架上。在每个试管上部加入少许消毒液体石蜡封闭，然后将试管连同管架放入38℃恒温浴槽中，应使槽中水面不低于试管内乳样高度。记录开始时间，经常注意观察每支试管的颜色变化。当某一试管的颜色由蓝变白（底部或表层有少许蓝色者也应算其褪色完毕）即算褪色完毕，记录其褪色时间。

3.10.6 结果的表示

用小时和分钟作为时间单位，表示每个样品的美蓝还原褪色时间。

4. 试验方法

4.1 感官检验

4.1.1 色泽和组织状态：打开试样外包装，用小刀切取部分试样，置于白色平盘中，在自然光下观察色泽和组织状态。

4.1.2　滋味和气味：取适量试样，先闻气味，然后用温开水漱口，再品尝样品的滋味。

4.2　理化检验

4.2.1　净含量：用感量为1.0克的天平，称量单件定量包装产品的质量，再称量包装纸（容器）的质量，计算称量差。

4.2.2　水分：按GB/T 5416检验。

4.2.3　脂肪：按GB/T 5416检验。

4.2.4　酸度：按GB/T 5416检验。

4.3　微生物检验

4.3.1　菌落总数：按GB 4789.2和GB 4789.18检验。

4.3.2　大肠菌群：按GB 4789.3和GB 4789.18检验。

4.3.3　致病菌：按GB 4789.4、GB 4789.5、GB 4789.10、GB 4789.11和GB 4789.18检验

表4

项目	奶油	无水奶油
菌落总数cfu/毫升 ≤	50000	
大肠菌群MPN/100毫升 ≤	90	
致病菌（指肠道致病菌和致病性球菌）	不得检出	

5. 标签、包装、运输、贮存

5.1 标签

产品标签按GB 7718的规定标示。还应标明产品的种类（按本标准第3章）和脂肪含量。产品的外包装箱标志应符合GB 191的规定。

5.2 包装

所有包装材料应符合食品卫生要求。

5.3 运输

运输产品时应使用冷藏车。

5.4 贮存

产品的贮存温度不得超过−15℃。